RUBÉN DARÍO

CANTOS DE VIDA Y ESPERANZA Y OTROS POEMAS

astria

CANTOS DE VIDA Y ESPERANZA Y OTROS POEMAS
RUBÉN DARÍO

©Astria Ediciones
Diseño de portada: Andrea Rodríguez
Arte de portada: Josué Flores Hernández

Supervisión Editorial: Óscar Flores López
Administración: Tesla Rodas y Jessica Cordero
Director Ejecutivo: José Azcona Bocock

Primera edición
Tegucigalpa, Honduras—Octubre de 2024

RUBÉN VISTO POR RAFAEL HELIODORO VALLE

Por Óscar Acosta

Rafael Heliodoro Valle, poeta, cronista, periodista, historiador, diplomático y académico nació en Comayagüela, Distrito Central, el 3 de julio de 1891.

El 8 de julio de 1906, a los quince años de edad, Valle publicó su primer artículo de prensa que tituló "El Mineral de Cedros", que apareció en el semanario El Fígaro de Tegucigalpa que dirigía el poeta Adán Canales.

Al año siguiente, 1907,Valle colaboró en forma asidua en la revista Honduras y en el diario La Prensa y un artículo suyo sobre Benito Juárez hizo que el General José Manuel Gutiérrez Zamora, a la sazón Cónsul de México en Tegucigalpa, lo llamara a su despacho para felicitarlo y le ofreciera gestionarle una beca para que viajara a estudiar a su país.

El Presidente Miguel R. Dávila le prometió también su ayuda, que nunca se concretó, lo que no impidió que Rafael Heliodoro Valle, con el apoyo pecuniario de su familia, que era de escasos recursos económicos, abandonara el suelo patrio el 6 de febrero de 1908, embarcándose en Amapala en el vapor "Luxor" que lo llevó al puerto mexicano de Salina Cruz.

En la ciudad de México, Valle conoció a un personaje generoso que lo recibió con los brazos abiertos: el poeta Juan de Dios Peza, quien le dio cartas de presentación para numerosos escritores que ocupaban puestos de relevancia en periódicos y, revistas, diciendo en una de esas recomendaciones que al joven hondureño "lo quería como un hijo".

Don Justo Sierra, Secretario de Educación de México, recibió también en forma cordial al forastero, otorgándole media beca para que emprendiera sus estudios de Magisterio en la Escuela Normal de Tacuba, dirigida por el profesor Leopoldo Kiel, establecimiento educativo de gran prestigio al que Valle ingresó el 27 de mayo de 1908.

El primer artículo que el hondureño publicó en la capital azteca fue el titulado "¡Salve, oh, México!", que apareció también en los periódicos La Iberia, La República y La Semana Ilustrada.

En su artículo "Evocación de Justo Sierra", escrito en febrero de 1948, afirma Valle que un día de septiembre de 1910 una comisión del Primer Congreso Nacional de Estudiantes visitó al prócer en su despacho de Ministro de Educación y que él, como vocero del grupo, le pidió al maestro que interviniera para que Rubén Darío pudiera llegar hasta la metrópoli. Darío se encontraba varado en Veracruz e insistía en ser recibido como diplomático a pesar que sus credenciales para asistir como delegado de Nicaragua a la celebración del Centenario de la Independencia de México, estaban firmadas por el Presidente José Madriz, quien había dejado de ser Jefe de Estado.

En respuesta a la petición de los estudiantes dijo don Justo:

"Siéntense, jóvenes. Siéntense. Yo soy amigo de Rubén, más que todos ustedes, y ya sabrán que escribí el prólogo de Peregrinaciones. La situación internacional está muy delicada... Lo recibiremos como huésped de honor y todo quedará arreglado".

Rafael Heliodoro Valle, muy a su pesar, no pudo acercarse a Xalapa en donde se quedó varado Rubén por decisión del gobierno del General Porfirio Díaz y el no haber conocido al poeta nicaragüense, que era uno de sus ídolos, fue uno de los pesares que el hondureño llevó a cuestas toda la vida.

Valle publicó su primer libro El Rosal del Ermitano, de poesía y prosa, en la Imprenta de don Carlos Gante, en la ciudad de México,1911, enviándoselo a Rubén Darío con una carta que decía:

México, D.F, 31 de mayo de 1911.

Señor D. Rubén Darío
24 Boulevard des Capucines 24
Paris

Darío Ilustre:

Va mi libro, trémulo de adoración, hacia usted, el magnífico poeta a quien mando del corazón rosas rosadas, rosas de santa blancura mística.
Léalo y deme palabras de esperanza. Eso llenaría mi corazón.

Un abrazo de su hondureño

Rafael Heliodoro Valle

Mis señas: Escuela Normal de Profesores,
Tazcuba, México, D.F

En papel membretado de su revista Mundial Magazine, Rubén
Darío contestó de su puño y letra la respuesta que actualmente se
encuentra en el Archivo de la correspondencia de Valle en la
Universidad Nacional Autónoma de México. Dice la misiva de
Rubén:

París, 3 julio,1911

Sr. D, Rafael Heliodoro Valle,
Tacuba, México

Mi distinguido señor:

Mil gracias por su carta gentil y por su bello regalo. Leeré sus páginas
todas con placer, pues, por las pocas que hasta ahora he visto, le envío
mis cordiales felicitaciones.

El talento es joya de Honduras.

Soy su Afmo.

R. Darío

Rubén Darío publicó el artículo "Honduras" en Mundial
Magazine en París en noviembre de 1912, que se reprodujo en el libro
Prosa Política en Madrid en 1920.

En dicho trabajo se recogían nombres de numerosos
representantes de la cultura hondureña, posiblemente proporcionados
por el poeta hibuerense Luis Andrés Zúñiga en París, incluyendo
médicos, jurisconsultos, ingenieros, oradores y otros profesionales
distinguidos.

En su respuesta "Honduras y Rubén Darío", publicada en El Nuevo Tiempo de Tegucigalpa el 17 de diciembre de 1912,Valle se lamentaba que el autor de Azul... no hubiera incluido en su breve estudio nombres como el de José Cecilio del Valle, Marco Aurelio Soto, Álvaro Contreras, Juan Ramón Molina, Froylán Turcios, Alberto Membreño, Luis Andrés Zúñiga y Pedro Nufio, entre otros.

A principios de 1913 y en el papel membretado de Mundial Magazine, Rubén contestó el reclamo que le formulaba Valle con una misiva que textualmente dice:

Paris 133,rue Michel-Ar

Señor D. Rafael Heliodoro Valle

Distinguido Amigo:

Estoy en parte, de acuerdo con Ud., pero las omisiones que hay en mi artículo referente a ese querido país de Honduras, no dependen de mí. ¡Ese Gobierno es tan poco dadivoso de informes! Por lo demás yo invito a Ud. a que me mande un artículo, documentado y con fotografías respecto a la intelectualidad de Honduras; para que tenga idea de mi afección a esa república, y de mi cariño a esa juventud, a quien Ud se refiere en su artículo "Honduras".

Sabe Ud. que queda de Ud. siempre Afmo. amigo

Rubén Darío

Dos años después de esta brevísima polémica, Rafael Heliodoro Valle publicó el artículo "Nuestro Rubén Darío" en el número 20 de la revista Ateneo de Honduras de Tegucigalpa, el 22 de mayo de 1915: ahí, en un extenso párrafo, decía.

"Acaba de salir de un hospital neoyorquino. Se acobarda; en la convalecencia, al recordar la mano fría que lo tentó para llevárselo. Las niñas rosadas que salen de la escuela, el sol del Señor, el brazo del amigo que lo hace respirar el aire forastero, son tesoros que lo reconfortan y rodean. Y mientras alza los ojos hacia Mateo -el más profundo firmamento de la Biblia-, y vuelve a temblar su nombre en los oídos de las gentes, allá en tierra natal le esperan los que le son fieles en emoción y en recuerdo, los que le han negado el vino, el óleo y la morada, pues saben que es el más puro blasón de una lirica estirpe; y si vuelve le tenderán los brazos abiertos como cuando, semejante a los viajeros celebres -Ulises o Alighieri-, retornó a la patria pequeña que, para el hijo pródigo, se convirtió un día en un gran incensario.

Allá lo aguardan las cuatro paredes de la casita de León, desde cuyas ventanas contempló, en la madrugada de la niñez, la algarabía de los clarineros que se le enseñaron el primer canto y el rosicler de las nubes que le colorearon el primer idilio.

Ha sufrido y amado mucho, y aún le amamos. Están su gloria sin ocaso, su genio sin noche y sus amigos sin ingratitud. Y lo rodean en la gran hora crepuscular, aquellos leales que tienen las manos prontas para cortar laurel naciente y los labios listos para recitar, con su antiguo encanto, aquellos versos que labrara sobre las gemas de sus lágrimas vivas".

El artículo de Valle fue reproducido en la ciudad de Guatemala y en Managua, reconfortando el atribulado espíritu de Rubén. Rafael Heliodoro Valle era Cónsul de Honduras en Belice cuando recibió la dolorosa noticia de la muerte de Rubén Darío.

Abrumado por la pena, el hondureño le escribió una sentida carta a su amigo el poeta Amado Nervo, Enviado Extraordinario y Ministro Plenipotenciario de México en España, la que a la letra dice:

Belice, 18 de febrero de 1916

Don Amado Nervo, Madrid

Mi querido Nervo:

Se nos fue para siempre nuestro Rubén Darío, la noche del 8 de este mes, a las diez y quince minutos, la hora suave en que deben morir aquellos que, como él, han ejercido el armonioso ministerio de las almas.

Murió en su casa natal, en León de Nicaragua, después de una operación en el hígado, que le hizo el Doctor Debayle, en su sanatorio. Él, que a los ocho años presentía su gloria, tuvo la visión de su muerte, y ha muerto en santidad poética, en la tierra solar que le dio carne insigne y espíritu divino, viendo otra vez "los palacios de barro y paja" de que hablara en el retorno.

Dos días lo han tenido en la casa mortuoria y ocho en La Universidad. Las municipalidades de Nicaragua pagarán los gastos del entierro. El Gobierno le ha hecho honores de presidente de la República, y la iglesia le ha rendido el homenaje que concede a los príncipes. Por la calle donde pasa en hombros, el cadáver, la muchedumbre regó guirnaldas, y de todo el país han mandado palmas y rosas como para un Domingo de Ramos. Era justo que así lo apoteotizaran sus paisanos, pues él ha sido una de nuestras más legales glorias en el mundo y nos hizo el bien de su Poesía, que era enviada pana redimirnos.

Recemos por su descanso y su definitiva transfiguración. Ya dejó de temblar ante la que tanto temía. Ya se sentó en la sede azulada de la inmortalidad. No volverá a decir: "Vamos a morir, Dios mío, vamos a morir!".

Aquí todos estamos consternados. Usted, que lo quería tanto como nosotros, se atribulará cuando sepa todo esto sobre aquel que hablaba como los poetas de hace siglos y que escribía prosas como las de los Santos.

Adiós, Nervo. Yo siempre lo recuerdo con cariño.

Rafael Heliodoro Valle

Un año después, en 1916, y en Guatemala aparece fechada la elegía "San Rubén Darío" de Rafael Heliodoro Valle, publicada en América y España y que figura entre los poemas laudatorios que contiene la obra Poesías Completas de Rubén Darío, editada por Aguilar de Madrid en 1968.

Este es el texto del poema "San Rubén Dario":

Traed las griegas ramas del acanto
para mezclarlas con laurel sombrío,
donde desgrane su cristal el llanto,
y venid adorar a nuestro santo
que está en el cielo: ¡San Rubén Darío!

La cítara, el salterio y el oboe
digan sus himnos suaves y supremos;
su copa taumaturga vierta Cloe,
ardan la mirra, el nardo y el aloe
y venid en silencio y adoremos.

Tuvo una gema de fulgor profundo
en las manos marquesas de su hastío,
y su mirada no era de este mundo....
¡Vino del alba y fue meditabundo
y misterioso San Rubén Darío!

Tembló su nombre entre las piedras raras:
su nombre, lo más puro que tenemos,
pues no lo tienen ni las noches claras.
Hay muchos incensarios en las aras:
¡venid, pues, en silencio, y adoremos!..

...Una rosa, entre todas las criaturas
la más rosada y llena de rocío,
elevó su trisagio de blancuras:
"¡Abran sus labios mis corolas puras
para alabar a San Rubén Darío!".

Con su candor la gema nemorosa
clamó: "Que raro ese fulgor que vemos!
Somos lo que refulge y que reposa;
pero por ese verso y esa prosa,
temblamos de rodillas. ¡Adoremos!"...

...Scheberazada de enlutado viste,
en el Trianon el cisne tiene frío
y la Princesa pálida aún existe...
¡Y el señor Jesucristo estaba triste
de no mirar a San Rubén Darío!

Mas lo llevó el Señor a sus jardines
y exclamó en la penumbra: "Descansemos".
Y esto decía un astro en los confines;

venid, pues, coronados de jazmines
y de piedras preciosas, ¡y adoremos!...

En las memorias incompletas de Rafael Heliodoro Valle, que aparecieron con el nombre de "Pretérito Perfecto" en la revista Cuadernos Americanos de México en 1952 y en otros capítulos publicados en la red de periódicos del continente en los que colaboraba el escritor centroamericano, aparecen numerosas referencias a la vida y obra de Rubén Darío, como puede constatarse en la colección del diario El Dia de Tegucigalpa, que puede consultarse en la Hemeroteca Nacional de Honduras.

En la Bibliografía Sumaria de Rafael Heliodoro Valle escrita por Emilia Romero de Valle, y reproducida en mi biografía del polígrafo publicada por la Universidad Nacional Autónoma de Honduras en 1964, no aparece el título de "Los que conocieron a Rubén", siendo algunas de esas conversaciones publicadas en un periódico salvadoreño, según afirma el acucioso investigador cuzcatleco Carlos Cañas-Dinarte,

Quien quiera conocer más sobre la relación entre estos dos personajes de las letras continentales está obligado a leer el ensayo "Rafael Heliodoro Valle, devoto de Darío", de Ernesto Mejía Sánchez, que aparece en su libro Cuestiones rubendarianas, editado por la "Revista de Occidente" de Madrid en 1970.

El doctor Rafael Heliodoro Valle, cuya presencia aflora en las páginas de este trabajo, falleció en el Instituto Nacional de Cardiología de México el 29 de julio de 1959, entre los cuidados de su esposa doña Emilia Romero de Valle y las atenciones de su amigo el famoso doctor Ignacio Chávez.

Mi desaparecido compatriota es considerado, por estudiosos y profanos, la figura literaria más importante que tuvo Honduras en el pasado siglo. Y es grato que su nombre esté ligado al de Rubén Darío.

León Nicaragua, 20 de enero de 2004

NUESTRO DARÍO

Rafael Heliodoro Valle

Otra vez palpita en su hemisferio el nombre tan amado de nuestro Rubén Darío, el poeta que ha pulsado más alta lira humana entre el coro de musas de la Lengua. Lo escuchamos con el recogimiento que nos inspira el genio cuyo actual resplandor bastaría para disiparla tiniebla de la más humilde patria; y con ese cariño con que ven los intelectuales de la época a los que, como él, han ejercido el ministerio de la Belleza fecunda y derramado sobre los corazones abiertos la semilla de gloria de los santos artistas.

Ya no pertenece sino a la familia celeste de los apolónidas, de los mensajeros de lo ideal, de los que nacen con el astro del verso en el corazón y tiene la errabunda nostalgia de los dioses. Ya nos lo imaginamos, aunque lo nimben las canas de los 50, con la augusta hermosura de los que no tuvieron ascendencia y desde la aureola hasta las sandalias iban proclamando su advenimiento largamente augurado.

Parece que hablara en el idioma que usaron los infalibles, y se creería que en él se hace patente el indefinido presentimiento que, según ha contado, le rumoreaba en la infantil cabeza, allá en la tierruca tropical, como diciéndole que ostentaría corona en este mundo, y que con espada o lira (no sabía con qué) el hado conductor lo llevará a la altura de unos vastos designios.

Acaso toma forma evidente en su humanidad la solemne melancolía de los abuelos predilectos; pues ya está la letra temblorosa, esa letra de geómetra y vate que ha esculpido tanto ideal alado y tanto soplo etéreo; -tiniebla- en sus últimos versos la dignidad doctoral y potente que animaba los versículos de ciertos evangelistas; y no son solamente versos, sino letanías de contrición, gritos lanzados para que Dios los oiga, reflejos de la luz que al irse extinguiendo le matiza los oros interiores del alma. Aún le escuchamos con amor en este Continente suyo, que se encantó con la música inaudita de sus poemas y de tanta melodía ignorada se penetró en la juventud de la inefable lira. Porque entre nosotros, ¿quién más grande que nuestro Rubén, ni más digno del amor de la espina y el laurel, ni más ensalzado al Norte y al Sur, ni más encarnecido por los negros que odian la blancura de los pedestales?

Vino de donde brotan el día y las alondras, para anunciarnos una nueva fé poética, para deslumbrarnos con la aurora opulenta de su numen; vino por el Oriente. Tenía un nombre raro, que alguien imaginó de piedras preciosas. Había crecido viendo un volcán de mitología, un lago de caciques y en la casa de la tía Rita los naranjos, floridos de corolas que estallaban al sol, interpretando el ritmo fundamental que lo designaba su artífice y su verbo.

¿Quién, antes de él, ha tenido en su América una más definida apoteosis ni en vida ha contemplado una más segura estatura? Habrá otros, el libertador, el orador, que puedan emularle en la acción y en éxito; pero nadie podría disputarle la primacía en la obra de fuerza y de belleza que en nuestra edad y en nuestro idioma ha emprendido de tan audaz manera, con vigor tan humano y batallar creador, que ya puede estar seguro del cumplimiento del vaticinio en que asegura que con las piedras que le han arrojado los malditos se podría construir un rompeolas capaz de contener a los ríos del tiempo.

Él es nuestro grande y amado Poeta. Después de él, que ha sido como el amanecer en nuestras conciencias ¿a quién vamos a amar tanto así, con todo el cariño que la juventud de ambos continentes de lengua española, hace tocar en la idolatría?

¿Después de él, qué ha sabido de las hieles bárbaras y las mirrinas esencias, del infierno del mal y el paraíso azul de la oración, de la alcoba de las incógnitas y la cama de los hospitales; y qué, como el héroe del mito, lleva la túnica de llamas de su pensamiento?

Acaba de salir de un hospital neoyorkino. Se acobarda, en la convalecencia, al recordar la mano fría que lo tentó para llevárselo. Las niñas rosadas que salen de la escuela, el sol del Señor, el brazo del amigo que lo hace respirar el aire forastero, son tesoros que lo reconfortan y lo rodean. Y mientras alza los ojos hacía Mateo, -el más profundo firmamento de la Biblia- y vuelve a temblar su nombre en los oídos de las gentes, allá en tierra natal le esperan los que le son fieles en emoción y en recuerdo, los que no le han negado el vino, el óleo y la morada, pues saben que es el más puro blasón de una lírica estirpe; y si vuelve le tenderán los brazos abiertos como cuando, semejante a los viajeros célebres, -Ulises ó Alighieri- retornó a la patria pequeña que, para le hijo pródigo, se convirtió un día en un gran incensario.

Allá lo aguardan las cuatro paredes de la casita de León, desde cuyas ventanas contempló, en la madrugada de la niñez, la algarabía de los clarineros que le enseñaron el primer canto y el rosicler de las nubes que le colorearon el primer idilio.

Ha sufrido y amado mucho, y aún le amamos. Están su gloria sin ocaso, su genio sin noche y sus amigos sin ingratitud. Y lo rodean en la gran hora crepuscular, aquellos leales que tienen las manos prontas para cortar laurel naciente y los labios listos para recitar, con su antiguo encanto, aquellos versos que labrara sobre las gemas de sus lágrimas vivas.

Aun vibra la universal lira, la que lo inmortalizó en las letras castellanas y así lo mantendrá ante el olvido de las generaciones. Y aún le oigamos; pues sus versos, que son el complemento de muchas almas, ya no son solamente una divina música en la Poesía, sino que son la poesía misma.

Tegucigalpa, 22 de mayo de 1915

16

PREFACIO

Podría repetir aquí más de un concepto de las palabras liminares de Prosas profanas. Mi respeto por la aristocracia del pensamiento, por la nobleza del Arte, siempre es el mismo. Mi antiguo aborrecimiento a la mediocridad, a la mulatez intelectual, a la chatura estética, apenas si se aminora hoy con una razonada indiferencia.

El movimiento de libertad que me tocó iniciar en América, se propagó hasta España y tanto aquí como allá el triunfo está logrado. Aunque respecto a técnica tuviese demasiado que decir en el país en donde la expresión poética está anquilosada a punto de que la momificación del ritmo ha llegado a ser un artículo de fe, no haré sino una corta advertencia.

En todos los países cultos de Europa se ha usado del hexámetro absolutamente clásico sin que la mayoría letrada y sobre todo la minoría se asustasen de semejante manera de cantar.

En Italia ha mucho tiempo, sin citar antiguos, que Carducci ha autorizado los hexámetros; en inglés, no me atrevería casi a indicar, por respeto a la cultura de mis lectores, que la Evangelina de Longfellow, está en los mismos versos en que Horacio dijo sus mejores pensares.

En cuanto al verso libre moderno..., ¿no es verdaderamente singular que en esta tierra de Quevedos y de Góngoras los únicos innovadores del instrumento lírico, los únicos libertadores del ritmo, hayan sido los poetas del Madrid Cómico y los libretistas del género chico?

Hago esta advertencia porque la forma es lo que primeramente toca a las muchedumbres. Yo no soy un poeta para muchedumbre. Pero sé que indefectiblemente tengo que ir a ellas.

Cuando dije que mi poesía era mía, en mí sostuve la primera condición de mi existir, sin pretensión ninguna de causar sectarismo en mente o voluntad ajena, y en un intenso amor a lo absoluto de la belleza.

Al seguir la vida que Dios me ha concedido tener, he buscado expresarme lo más noble y altamente en mi comprensión; voy diciendo mi verso con una modestia tan orgullosa que solamente las espigas comprenden, y cultivo, entre otras flores, una rosa rosada, concreción de alba, capullo de porvenir, entre el bullicio de la literatura.

Si en estos cantos hay política, es porque aparece universal. Y si encontráis versos a un presidente, es porque son un clamor continental. Mañana podremos ser yanquis (y es lo más probable); de todas maneras mi protesta queda escrita sobre las alas de los inmaculados cisnes, tan ilustres como Júpiter.

R.D.

YO SOY AQUEL QUE AYER NO MÁS DECÍA

Yo soy aquel que ayer no más decía
el verso azul y la canción profana,
en cuya noche un ruiseñor había
que era alondra de luz por la mañana.

El dueño fui de mi jardín de sueño,
lleno de rosas y de cisnes vagos;
el dueño de las tórtolas, el dueño
de góndolas y liras en los lagos;

y muy siglo diez y ocho y muy antiguo
y muy moderno; audaz, cosmopolita;
con Hugo fuerte y con Verlaine
ambiguo,
y una sed de ilusiones infinita.

Yo supe del dolor desde mi infancia,
mi Juventud... ¿fue juventud la mía?
Sus rosas aún me dejan su fragancia,
una fragancia de melancolía...

Potro sin freno se lanzó mi instinto,
mi juventud montó potro sin freno;
iba embriagada y con puñal al cinto;
si no cayó, fue porque Dios es bueno.

En mi jardín se vio una estatua bella;
se juzgó mármol y era carne viva;
un alma joven habitaba en ella,
sentimental, sensible, sensitiva.

Y tímida ante el mundo, de manera
que encerrada en silencio no salía,
sino cuando en la dulce primavera
era la hora de la melodía...

Hora de ocaso y de discreto beso;
hora crepuscular y de retiro;
hora de madrigal y de embeleso,
de "te adoro", de "¡ay!" y de suspiro.

Y entonces era en la dulzaina un juego
de misteriosas gamas cristalinas,
un renovar de notas del Pan griego
y un desgranar de músicas latinas,

con aire tal y con ardor tan vivo,
que a la estatua nacían de repente
en el muslo viril patas de chivo
y dos cuernos de sátiro en la frente.

Como la Galatea gongorina
me encantó la marquesa verleniana,
y así juntaba a la pasión divina
una sensual hiperestesia humana;

todo ansia, todo ardor, sensación pura
y vigor natural; y sin falsía,
y sin comedia y sin literatura...
si hay un alma sincera, esa es la mía.

La torre de marfil tentó mi anhelo;
quise encerrarme dentro de mí mismo,
y tuve hambre de espacio y sed de cielo
desde las sombras de mi propio abismo.

Como la esponja que la sal satura
en el jugo del mar, fue el dulce y tierno
corazón mío, henchido de amargura
por el mundo, la carne y el infierno.

Mas, por gracia de Dios, en mi conciencia
el Bien supo elegir la mejor parte;
y si hubo áspera hiel en mi existencia,
melificó toda acritud el Arte.

Mi intelecto libré de pensar bajo,
bañó el agua castalia el alma mía,
peregrinó mi corazón y trajo
de la sagrada selva la armonía.

¡Oh, la selva sagrada! ¡Oh, la profunda
emanación del corazón divino
de la sagrada selva! ¡Oh, la fecunda
fuente cuya virtud vence al destino!

Bosque ideal que lo real complica,
allí el cuerpo arde y vive y Psiquis vuela;
mientras abajo el sátiro fornica,
ebria de azul deslíe Filomela.

Perla de ensueño y música amorosa
en la cúpula en flor del laurel verde,
Hipsipila sutil liba en la rosa,
y la boca del fauno el pezón muerde.

Allí va el dios en celo tras la hembra,
y la caña de Pan se alza del lodo;
la eterna Vida sus semillas siembra,
y brota la armonía del gran Todo.

El alma que entra allí debe ir desnuda,
temblando de deseo y de fiebre santa,
sobre cardo heridor y espina aguda:
así sueña, así vibra y así canta.

Vida, luz y verdad, tal triple llama
produce la interior llama infinita;
El Arte puro como Cristo exclama:
Ego sum lux et veritas et vita!

Y la vida es misterio; la luz ciega
y la verdad inaccesible asombra;
la adusta perfección jamás se entrega,
Y el secreto Ideal duerme en la sombra.

Por eso ser sincero es ser potente.
De desnuda que está, brilla la estrella;
el agua dice el alma de la fuente
en la voz de cristal que fluye d'ella.

Tal fue mi intento, hacer del alma pura
mía, una estrella, una fuente sonora,
con el horror de la literatura
y loco de crepúsculo y de aurora.

Del crepúsculo azul que da la pauta
que los celestes éxtasis inspira,
bruma y tono menor -¡toda la flauta!,
y Aurora, hija del Sol -¡toda la ira!

Pasó una piedra que lanzó una honda;
pasó una flecha que aguzó un violento.
La piedra de la honda fue a la onda,
y la flecha del odio fuese al viento.

La virtud está en ser tranquilo y fuerte;
con el fuego interior todo se abrasa;
se triunfa del rencor y de la muerte,
y hacia Belén... ¡la caravana pasa!

EN LA MUERTE DE RAFAEL NÚÑEZ

El pensador llegó a la barca negra;
y le vieron hundirse
en las brumas del lago del Misterio,
los ojos de los Cisnes.

Su manto de poeta
reconocieron los ilustres lises
y el laurel y la espina entremezclados
sobre la frente triste.

A lo lejos alzábanse los muros
de la ciudad teológica, en que vive
la sempiterna Paz. La negra barca
llegó a la ansiada costa, y el sublime
espíritu gozó la suma gracia;
y ¡oh Montaigne! Núñez vio la cruz erguirse,
y halló al pie de la sacra Vencedora
el cadáver helado de la Esfinge.

SALUTACIÓN DEL OPTIMISTA

Ínclitas razas ubérrimas, sangre de Hispania fecunda,
espíritus fraternos, luminosas almas, ¡salve!
Porque llega el momento en que habrán de cantar nuevos himnos
lenguas de gloria. Un vasto rumor llena los ámbitos;
mágicas ondas de vida van renaciendo de pronto;
retrocede el olvido, retrocede engañada la muerte;
se anuncia un reino nuevo, feliz sibila sueña
y en la caja pandórica de que tantas desgracias surgieron
encontramos de súbito, talismática, pura, riente,
cual pudiera decirla en su verso Virgilio divino,
la divina reina de luz, ¡la celeste Esperanza!

Pálidas indolencias, desconfianzas fatales que a tumba
o a perpetuo presidio, condenasteis al noble entusiasmo,
ya veréis el salir del sol en un triunfo de liras,
mientras dos continentes, abonados de huesos gloriosos,
del Hércules antiguo la gran sombra soberbia evocando,
digan al orbe: la alta virtud resucita,
que a la hispana progenie hizo dueña de los siglos.
Abominad la boca que predice desgracias eternas,
abominad los ojos que ven sólo zodiacos funestos,
abominad las manos que apedrean las ruinas ilustres,
o que la tea empuñan o la daga suicida.
Siéntense sordos ímpetus en las entrañas del mundo,
la inminencia de algo fatal hoy conmueve la Tierra;
fuertes colosos caen, se desbandan bicéfalas águilas,
y algo se inicia como vasto social cataclismo
sobre la faz del orbe. ¿Quién dirá que las savias dormidas
no despierten entonces en el tronco del roble gigante
bajo el cual se exprimió la ubre de la loba romana?
¿Quién será el pusilánime que al vigor español niegue músculos
y que al alma española juzgase áptera y ciega y tullida?

No es Babilonia ni Nínive enterrada en olvido y en polvo,
ni entre momias y piedras que habita el sepulcro,
la nación generosa, coronada de orgullo inmarchito,
que hacia el lado del alba fija las miradas ansiosas,
ni la que tras los mares en que yace sepulta la Atlántida,
tiene su coro de vástagos, altos, robustos y fuertes.

Únanse, brillen, secúndense, tantos vigores dispersos;
formen todos un solo haz de energía ecuménica.
Sangre de Hispania fecunda, sólidas, ínclitas razas,
muestren los dones pretéritos que fueron antaño su triunfo.
Vuelva el antiguo entusiasmo, vuelva el espíritu ardiente
que regará lenguas de fuego en esa epifanía.
Juntas las testas ancianas ceñidas de líricos lauros
y las cabezas jóvenes que la alta Minerva decora,
así los manes heroicos de los primitivos abuelos,
de los egregios padres que abrieron el surco prístino,
sientan los soplos agrarios de primaverales retornos
y el rumor de espigas que inició la labor triptolémica.

Un continente y otro renovando las viejas prosapias,
en espíritu unidos, en espíritu y ansias y lengua,
ven llegar el momento en que habrán de cantar nuevos himnos.

La latina estirpe verá la gran alba futura,
en un trueno de música gloriosa, millones de labios
saludarán la espléndida luz que vendrá del Oriente,
Oriente augusto en donde todo lo cambia y renueva
la eternidad de Dios, la actividad infinita.
Y así sea Esperanza la visión permanente en nosotros,
¡Ínclitas razas ubérrimas, sangre de Hispania fecunda!

AL REY ÓSCAR

Le Roi de Suède et de Norvège,
après avoir visité Saint-Jean-de
Luz, s'est rendu à Hendaye et à
Fonterrabie. En arrivant sur le sol
espagnol, il a crié: "Vive
l'Espagne!".

Le Fígaro, mars 1899.

Así, Sire, en el aire de Francia nos llega
la paloma de plata de Suecia y de Noruega,
que trae en vez de olivo una rosa de fuego.

Un búcaro latino, un noble vaso griego
recibirá el regalo del país de la nieve.
Que a los reinos boreales el patrio viento lleve
otra rosa de sangre y de luz españolas;
pues sobre la sublime hermandad de las olas,
al brotar tu palabra, un saludo le envía
al sol de medianoche del sol del Mediodía.

Si Segismundo siente pesar, Hamlet se inquieta.
El Norte ama las palmas; y se junta el poeta
del fjord con el del carmen, porque el mismo oriflama
es de azur. Su divina cornucopia derrama
sobre el polo y el trópico, la Paz; y el orbe gira
en un ritmo uniforme por la propia lira:
el amor. Allá surge Sigurd que al Cid se aúna.
Cerca de Dulcinea brilla el rayo de luna,
y la musa de Bécquer del ensueño es esclava
bajo un celeste palio de la luz
escandinava.

Sire de ojos azules, gracias: por los laureles
de cien bravos vestidos de honor; por los claveles
de la tierra andaluza y de la Alhambra del moro;

por la sangre solar de una raza de oro;
por la armadura antigua y el yelmo de la gesta;
por las lanzas que fueron una vasta floresta
de gloria y que pasaron Pirineos y Andes;
por Lepanto y Otumba; por el Perú, por Flandes;
por Isabel que cree, por Cristóbal que sueña
y Velázquez que pinta y Cortés que domeña;
por el país sagrado en que Heraldes afianza
sus macizas columnas de fuerza y esperanza,
mientras Pan trae el ritmo con la egregia siringa
que no hay trueno que apague ni tempestad que extinga;
por el león simbólico y la Cruz, gracias, Sire.

¡Mientras el mundo aliente, mientras la esfera gire,
mientras la onda cordial alimente un ensueño,
mientras haya una viva pasión, un noble empeño,
un buscado imposible, una imposible hazaña,
una América oculta que hallar, vivirá España!

¡Y pues tras la tormenta vienes de peregrino
real, a la morada que entristeció el destino,
la morada que viste luto sus puertas abra
al purpúreo y ardiente vibrar de tu palabra;
y que sonría, ¡oh rey Óscar!, por un instante;
y tiemble en la flor áurea el más puro brillante
para quien sobre brillos de corona y de nombre,
con los labios de monarca lanza un grito de hombre!

LOS TRES REYES MAGOS

—Yo soy Gaspar. Aquí traigo el incienso.
Vengo a decir: La vida es pura y bella.
Existe Dios. El amor es inmenso.
¡Todo lo sé por la divina Estrella!

—Yo soy Melchor. Mi mirra aroma todo.
Existe Dios. Él es la luz del día.
La blanca flor tiene sus pies en lodo.
¡Y en el placer hay la melancolía!

—Soy Baltasar. Traigo el oro. Aseguro
que existe Dios. Él es el grande y fuerte.
Todo lo sé por el lucero puro
que brilla en la diadema de la Muerte.

—Gaspar, Melchor y Baltasar, callaos.
Triunfa el amor y a su fiesta os convida.
¡Cristo resurge, hace la luz del caos
y tiene la corona de la Vida!

EN LAS PÁLIDAS TARDES

En las pálidas tardes
yerran nubes tranquilas
en el azul; en las ardientes manos
se posan las cabezas pensativas.
¡Ah los suspiros! ¡Ah los dulces sueños!
¡Ah las tristezas íntimas!
¡Ah el polvo de oro que en el aire flota,
tras cuyas ondas trémulas se miran
los ojos tiernos y húmedos,
las bocas inundadas de sonrisas,
las crespas cabelleras
y los dedos de rosa que acarician!

En las pálidas tardes
me cuenta un hada amiga
las historias secretas
llenas de poesía;
lo que cantan los pájaros,
lo que llevan las brisas,
lo que vaga en las nieblas,
lo que sueñan las niñas.

Una vez sentí el ansia
de una sed infinita.
Dije al hada amorosa:
—Quiero en el alma mía
tener la aspiración honda, profunda,
inmensa: luz, calor, aroma, vida.
Ella me dijo: —¡Ven!? con el acento
con que hablaría un arpa. En él había
un divino aroma de esperanza.
¡Oh sed del ideal!
Sobre la cima
de un monte, a medianoche,
me mostró las estrellas encendidas.
Era un jardín de oro
con pétalos de llama que titilan.

Exclamé: ?Más…
La aurora
vino después. La aurora sonreía,
con la luz en la frente,
como la joven tímida
que abre la reja, y la sorprenden luego
ciertas curiosas, mágicas pupilas.
Y dije: —Más…? Sonriendo
la celeste hada amiga
prorrumpió: —¡Y bien! ¡Las flores!
Y las flores
estaban frescas, lindas,
empapadas de olor: la rosa virgen,
la blanca margarita,
la azucena gentil y las volúbiles
que cuelgan de la rama estremecida.
Y dije: —Más…
El viento
arrastraba rumores, ecos, risas,
murmullos misteriosos, aleteos,
músicas nunca oídas.

El hada entonces me llevó hasta el velo
que nos cubre las ansias infinitas,
la inspiración profunda
y el alma de las liras.
Y los rasgó. Allí todo era aurora.
En el fondo se vía
un bello rostro de mujer.
¡Oh; nunca,
Piérides, diréis las sacras dichas
que en el alma sintiera!
Con su vaga sonrisa:
—¿Más?… —dijo el hada.
Y yo tenía entonces
clavadas las pupilas
en el azul; y en mis ardientes manos
se posó mi cabeza pensativa…

CYRANO EN ESPAÑA

He aquí que Cyrano de Bergerac traspasa
de un salto el Pirineo. Cyrano está en su casa.
¿No es en España, acaso, la sangre vino y fuego?
Al gran gascón saluda y abraza el gran manchego.
¿No se hacen en España los más bellos castillos?
Roxanas encarnaron con rosas los Murillos,
y la hoja toledana que aquí Quevedo empuña
conócenla los bravos cadetes de Gascuña.
Cyrano hizo su viaje a la luna; mas, antes,
ya el divino lunático de don Miguel de Cervantes
pasaba entre las dulces estrellas de su sueño
jinete en el sublime pegaso Clavileño.
Y Cyrano ha leído la maravilla escrita
y al pronunciar el nombre del Quijote, se quita
Bergerac el sombrero: Cyrano Balazote
siente que es lengua suya la lengua del Quijote.
Y la nariz heroica del gran gascón se diría
que husmea los dorados vinos de Andalucía.
Y la espada francesa, por él desenvainada,
brilla bien en la tierra de la capa y la espada.
¡Bienvenido, Cyrano de Bergerac! Castilla
te da su idioma, y tu alma como tu espada brilla
al sol que allá en tus tiempos no se ocultó en España.
Tu nariz y penacho no están en tierra extraña,
pues vienes a la tierra de la Caballería.
Eres el noble huésped de Calderón. María
Roxana te demuestra que lucha la fragancia
de las rosas de España con las rosas de Francia,
y sus supremas gracias, y sus sonrisas únicas
y sus miradas, astros que visten negras túnicas,
y la lira que vibra en su lengua sonora
te dan una Roxana de España, encantadora.
¡Oh poeta! ¡Oh celeste poeta de la facha
grotesca! Bravo y noble y sin miedo y sin tacha,
príncipe de locuras, de sueños y de rimas:
tu penacho es hermano de las más altas cimas,
del nido de tu pecho una alondra se lanza,

un hada es tu madrina, y es la Desesperanza;
y en medio de la selva del duelo y del olvido
las nueve musas vendan tu corazón herido.
¿Allá en la luna hallaste algún mágico prado
donde vaga el espíritu de Pierrot desolado?
¿Viste el palacio blanco de los locos del Arte?
¿Fue acaso la gran sombra de Píndaro a encontrarte?
¿Contemplaste la mancha roja que entre las rocas
albas forma el castillo de las Vírgenes locas?
¿Y en un jardín fantástico de misteriosas flores
no oíste al melodioso rey de los ruiseñores?
No juzgues mi curiosa demanda inoportuna,
pues todas esas cosas existen en la luna.
¡Bienvenido, Cyrano de Bergerac! Cyrano
de Bergerac, cadete y amante, y castellano
que trae los recuerdos que Durandal abona
al país en que aún brillan las luces de Tizona.
El Arte es el glorioso vencedor. Es el Arte
el que vence el espacio y el tiempo; su estandarte,
pueblos, es del espíritu el azul oriflama.
¿Qué elegido no corre si su trompeta llama?
Y a través de los siglos se contestan, oíd:
la Canción de Rolando y la Gesta del Cid.
Cyrano va marchando, poeta y caballero,
al redoblar sonoro del grave Romancero.
Su penacho soberbio tiene nuestra aureola.
Son sus espuelas finas de fábrica española.
Y cuando en su balada Rostand teje el envío,
creeríase a Quevedo rimando un desafío.
¡Bienvenido, Cyrano de Bergerac! No seca
el tiempo el lauro; el viejo corral de la Pacheca
recibe al generoso embajador del fuerte
Molière. En copa gala Tirso su vino vierte.
Nosotros exprimimos las uvas de Champaña
para beber por Francia y en un cristal de España.

SALUTACIÓN A LEONARDO

Maestro, Pomona levanta su cesto. Tu estirpe
saluda la Aurora. ¡Tu aurora! Que extirpe
de la indiferencia la mancha; que gaste
la dura cadena de siglos; que aplaste
al sapo la piedra de su honda.

Sonrisa más dulce no sabe Gioconda.
El verso su ala y el ritmo su onda
hermanan en una
dulzura de luna
que suave resbala
(el ritmo de la onda y el verso del ala
del mágico cisne sobre la laguna)
sobre la laguna.

Y así, soberano maestro
del estro,
las vagas figuras
del sueño, se encarnan en líneas tan puras
que el sueño
recibe la sangre del mundo mortal,
y Psiquis consigue su empeño
de ser advertida a través del terrestre cristal.
(Los bufones
que hacen sonreír a Monna Lisa
saben canciones
que ha tiempo en los bosques de Grecia decía la risa
de la brisa.)

Pasa su Eminencia.
Como flor o pecado es su traje
Rojo;
como flor o pecado, o conciencia
de sutil monseñor que a su paje
mira con vago recelo o enojo.
Nápoles deja a la abeja de oro
hacer su miel

en su fiesta de azul; y el sonoro
bandolín y el laurel
nos anuncian Florencia.

Maestro, si allá en Roma
quema el sol de Segor y Sodoma
la amarga ciencia
de purpúreas banderas, tu gesto
las palmas nos da redimidas,
bajo los arcos
de tu genio: San Marcos
y Partenón de luces y líneas y vidas.

(Tus bufones
que hacen la risa
de Monna Lisa
saben tan antiguas canciones).

Los leones de Asuero
junto al trono para recibirte,
mientras sonríe el divino Monarca.
Pero
hallarás la sirte,
la sirte para tu barca,
si partís en la lírica barca
con tu Gioconda…
La onda
y el viento
saben la tempestad para tu cargamento.

¡Maestro!
Pero tú en cabalgar y domar fuiste diestro,
pasiones e ilusiones:
a unas con el freno, a otras con el cabestro
las domaste, cebras o leones.
Y en la selva del Sol, prisionera
tuviste la fiera
de la luz: y esa loca fue casta
cuando dijiste: "Basta".

Seis meses maceraste tu Ester en tus aromas.
De tus techos reales volaron las palomas.

Por tu cetro y tu gracia sensitiva,
por tu copa de oro en que sueñan las rosas,
en mi ciudad, que es tu cautiva,
tengo un jardín de mármol y de piedras preciosas
que custodia una esfinge viva.

PEGASO

Cuando iba yo a montar ese caballo rudo
y tembloroso, dije: "La vida es pura y bella".
Entre sus cejas vivas vi brillar una estrella.
El cielo estaba azul y yo estaba desnudo.

Sobre mi frente Apolo hizo brillar su escudo
y de Belerofonte logré seguir la huella.
Toda cima es ilustre si Pegaso la sella,
y yo, fuerte, he subido donde Pegaso pudo.

¡Yo soy el caballero de la humana energía,
yo soy el que presenta su cabeza triunfante
coronada con el laurel del Rey del día;

domador del corcel de cascos de diamante,
voy en un gran volar, con la aurora por guía,
adelante en el vasto azur, siempre adelante!

A ROOSEVELT

¡Es con voz de Biblia, o verso de Walt Whitman,
que habría que llegar hasta ti, Cazador!
¡Primitivo y moderno, sencillo y complicado,
con un algo de Washington y cuatro de Nemrod!
Eres los Estados Unidos,
eres el futuro invasor
de la América ingenua que tiene sangre indígena,
que aún reza a Jesucristo y aún habla en español.

Eres soberbio y fuerte ejemplar de tu raza;
eres culto, eres hábil; te opones a Tolstoy.
Y domando caballos o asesinando tigres,
eres un Alejandro- Nabucodonosor.
(Eres un profesor de energía
como dicen los locos de hoy.)

Crees que la vida es incendio
que el progreso es erupción;
en donde pones la bala
el porvenir pones.
No.

Los Estados Unidos son potentes y grandes.
Cuando ellos se estremecen hay un hondo temblor
que pasa por las vértebras enormes de los Andes.
Si clamáis se oye como el rugir del león.
Ya Hugo a Grant le dijo: Las estrellas son vuestras.
(Apenas brilla, alzándose, el argentino sol
y la estrella chilena se levanta…) Sois ricos.
Juntáis al culto de Hércules el culto de Mammón
y alumbrando el camino de la fácil conquista,
la Libertad levanta su antorcha en Nueva York.

Mas la América nuestra, que tenía poetas
desde los viejos tiempos de Netzahualcoyotl,
que ha guardado las huellas de los pies del gran Baco,
que el alfabeto pánico aprendió;

que consultó los astros, que conoció la Atlántida
cuyo nombre nos llega resonando en Platón,
que desde los remotos momentos de su vida
vive de luz, de fuego, de perfumes, de amor,
la América del grande Moctezuma, del Inca,
la América fragrante de Cristóbal Colón,
la América católica, la América española,
la América en que dijo el noble Guatemoc:
"Yo no estoy en un lecho de rosas"; esa América
que tiembla de huracanes y que vive de amor;
hombres de ojos sajones y alma bárbara, vive.
Y sueña. Y ama, y vibra; y es la hija del Sol.
Tened cuidado. ¡Vive la América española!,
hay mil cachorros sueltos del León Español.
Se necesitaría, Roosevelt, ser por Dios mismo,
el Riflero terrible y el fuerte Cazador,
para poder tenernos en vuestras férreas garras.

Y, pues contáis con todo, falta una cosa: ¡Dios!

¡TORRES DE DIOS! ¡POETAS!

¡Pararrayos celestes,
que resistís las duras tempestades,
como crestas escuetas,
como picos agrestes,
rompeolas de las eternidades!

La mágica esperanza anuncia un día
en que sobre la roca de armonía
expirará la pérfida sirena.
¡Esperad, esperemos todavía!

Esperad todavía.
El bestial elemento se solaza
en el odio a la sacra poesía
y se arroja baldón de raza a raza.

La insurrección de abajo
tiende a los Excelentes.
El caníbal codicia su tasajo
con roja encía y afilados dientes.

Torres, poned al pabellón sonrisa.
Poned ante ese mal y ese recelo,
una soberbia insinuación de brisa
y una tranquilidad de mar y cielo…

CANTO DE ESPERANZA

Un gran vuelo de cuervos mancha el azul celeste.
Un soplo milenario trae amagos de peste.
Se asesinan los hombres en el extremo Este.

¿Ha nacido el apocalíptico Anticristo?
Se han sabido presagios y prodigios se han visto
y parece inminente el retorno de Cristo.

La tierra está preñada de dolor tan profundo
que el soñador, imperial meditabundo,
sufre con las angustias del corazón del mundo.

Verdugos de ideales afligieron la tierra,
en un pozo de sombra la humanidad se encierra
con los rudos molosos del odio y de la guerra.

¡Oh, Señor Jesucristo! ¡Por qué tardas, qué esperas
para tender tu mano de luz sobre las fieras
y hacer brillar al sol tus divinas banderas!

Surge de pronto y vierte la esencia de la vida
sobre tanta alma loca, triste o empedernida,
que amante de tinieblas tu dulce aurora olvida.

Ven, Señor, para hacer la gloria de Ti mismo;
ven con temblor de estrellas y horror de cataclismo,
ven a traer amor y paz sobre el abismo.

Y tu caballo blanco, que miró el visionario,
pase. Y suene el divino clarín extraordinario.
Mi corazón será brasa de tu incensario.

MIENTRAS TENÉIS, ¡OH NEGROS CORAZONES!

Mientras tenéis, ¡oh negros corazones!,
conciliábulos de odio y de miseria,
el órgano de amor niega sus sones.
Cantad, oíd: "La vida es dulce y seria".

Para ti, pensador meditabundo,
pálido de sentirte tan divino,
es más hostil la parte agria del mundo.
Pero tu carne es pan, tu sangre es vino.

Dejad pasar la noche de la cena
—¡Oh Shakespeare pobre, y oh Cervantes manco! —
y la pasión del vulgo que condena.
Un gran Apocalipsis horas futuras llena.
¡Ya surgirá vuestro Pegaso blanco!

HELIOS

¡Oh ruido divino!,
¡oh ruido sonoro!
Lanzó la alondra matinal el trino
y sobre ese preludio cristalino,
los caballos de oro
de que el Hiperionida
lleva la rienda asida,
al trotar forman música armoniosa,
un argentino trueno,
y en el azul sereno
con sus cascos de fuego dejan huellas de rosa.
Adelante, ¡oh cochero Celeste!, sobre Osa;
y Pelión, sobre Titania viva.
Atrás se queda el trémulo matutino lucero,
y el universo el verso de su música activa.

¡Pasa, oh dominador, oh conductor del carro
de la mágica ciencia! ¡Pasa, pasa, oh bizarro
manejador de la fatal cuadriga,
que al pisar sobre el viento
despierta el instrumento
sacro! Tiemblan las cumbres
de los montes más altos,
que en sus rítmicos saltos
tocó Pegaso. Giran muchedumbres
de águilas bajo el vuelo
de tu poder fecundo,
y si hay algo que iguale la alegría del cielo,
es el gozo que enciende las entrañas del mundo.

¡Helios!, tu triunfo es ése,
pese a las sombras, pese
a la noche, y al miedo y a la lívida Envidia.
Tú pasas, y la sombra, y el daño, y la desidia,
y la negra pereza, hermana de la muerte,
y el alacrán del odio que su ponzoña vierte,
y Satán todo, emperador de las tinieblas,

se hunden, caen. Y haces el alba rosa, y pueblas
de amor y virtud las humanas conciencias,
riegas todas las artes, brindas todas la ciencias;
los castillos de duelo de la maldad derrumbas,
abres todos los nidos, cierras todas las tumbas,
y sobre los vapores del tenebroso Abismo,
pintas la Aurora, el Oriflama de Dios mismo.

¡Helios! Portaestandarte
de Dios, padre del Arte,
la paz es imposible, mas el amor eterno.
Danos siempre el anhelo de la vida,
y una chispa sagrada de tu antorcha encendida
con que esquivar podamos la entrada del Infierno.

Que sientan las naciones
el volar de tu carro, que hallen los corazones
humanos en el brillo de tu carro, esperanza;
que del alma-Quijote y del cuerpo-Sancho Panza
vuele una psique cierta a la verdad del sueño;
que hallen las ansias grandes de este vivir pequeño
una realización invisible y suprema;
¡Helios! ¡Que no nos mate tu llama que nos quema!
Gloria hacia ti del corazón de las manzanas,
de los cálices blancos de los lirios,
y del amor que manas
hecho de dulces fuegos y divinos martirios,
y del volcán inmenso
y del hueso minúsculo,
y del ritmo que pienso,
y del ritmo que vibra en el corpúsculo,
y del Oriente intenso
y de la melodía del crepúsculo.

¡Oh, ruido divino!
Pasa sobre la cruz del palacio que duerme,
y sobre el alma inerme
de quien no sabe nada. No turbes el Destino,
¡oh ruido sonoro!
El hombre, la nación, el continente, el mundo,
aguardan la virtud de tu carro fecundo,
¡cochero azul que riges los caballos de oro!

SPES

Jesús, incomparable perdonador de injurias,
óyeme; Sembrador de trigo, dame el tierno
pan de tus hostias; dame, contra el sañudo infierno
una gracia lustral de iras y lujurias.

Dime que este espantoso horror de la agonía
que me obsede, es no más de mi culpa nefanda,
que al morir hallaré la luz de un nuevo día
y que entonces oiré mi "¡Levántate y anda!".

MARCHA TRIUNFAL

¡Ya viene el cortejo!
¡Ya viene el cortejo! Ya se oyen los claros clarines.
La espada se anuncia con vivo reflejo;
ya viene, oro y hierro, el cortejo de los paladines.

Ya pasa debajo los arcos ornados de blancas Minervas y Martes,
los arcos triunfales en donde las Famas erigen sus largas
trompetas,
La gloria solemne de los estandartes
llevados por manos robustas de heroicos atletas.
Se escucha el ruido que forman las armas de los caballeros,
los frenos que mascan los fuertes caballos de guerra,
los cascos que hieren la tierra.
Y los timbaleros,
que el paso acompasan con ritmos marciales.
¡Tal pasan los fieros guerreros
debajo los arcos triunfales!

Los claros clarines de pronto levantan sus sones,
su canto sonoro,
su cálido coro,
que envuelve en un trueno de oro
la augusta soberbia de los pabellones.
Él dice la lucha, la herida venganza,
las ásperas crines,
los rudos penachos, la pica, la lanza,
la sangre que niega los heroicos carmines,
la tierra;
los negros mastines
que azuza la muerte, que rige la guerra.

Los áureos sonidos
anuncian el advenimiento
triunfal de la Gloria;
dejando el picacho que guarda sus nidos,
tendiendo sus alas enormes al viento,
los cóndores llegan. ¡Llegó la victoria!

Ya pasa el cortejo.
Señala el abuelo los héroes al niño:
ved como la barba del viejo
los bucles de oro circundan de armiño.
Las bellas mujeres aprestan coronas de flores
y bajo los pórticos vense sus rostros de rosa;
y la más hermosa
sonríe al más fiero de los vencedores.
¡Honor al que trae cautiva la extraña bandera;
honor al herido y honor a los fieles
soldados que muerte encontraron por mano extranjera!
¡Clarines! ¡Laureles!

Las nobles espadas de tiempos gloriosos,
desde sus panoplias saludan las nuevas coronas y lauros:
—las viejas espadas de los granaderos más fuertes que osos,
hermanos de aquellos lanceros que fueron centauros —.
Las trompas guerreras resuenan;
de voces los aires se llenan…
—A aquellas antiguas espadas,
a aquellos ilustres aceros,
que encarnan las glorias pasadas—;
Y al sol que hoy alumbra las nuevas victorias ganadas,
y al héroe que guía su grupo de jóvenes fieros;
al que ama la insignia del sueño materno,
al que ha desafiado, ceñido el acero y el arma en la mano,
los soles del rojo verano,
las nieves y vientos del gélido invierno,
la noche, la escarcha
y el odio y la muerte, por ser por la patria inmortal,
¡saludan con voces de bronce las trompas de guerra que tocan
la marcha
triunfal!…

A GOYA

Poderoso visionario,
raro ingenio temerario,
por ti enciendo mi incensario.

Por ti, cuya gran paleta,
caprichosa, brusca, inquieta,
debe amar todo poeta;

por tus lóbregas visiones,
tus blancas irradiaciones,
tus negros y bermellones;

por tus colores dantescos,
por tus majos pintorescos,
y las glorias de tus frescos.

Porque entra en tu gran tesoro
el diestro que mata al toro,
la niña de rizos de oro,

y con el bravo torero,
el infante, el caballero,
la mantilla y el pandero.

Tu loca mano dibuja
la silueta de la bruja
que en la sombra se arrebuja,

y aprende una abracadabra
del diablo patas de cabra
que hace una mueca macabra.

Musa soberbia y confusa,
ángel, espectro, medusa.
Tal aparece tu musa.

Tu pincel asombra, hechiza,
ya en sus claros electriza,
ya en sus sombras sinfoniza;

con las manolas amables,
los reyes, los miserables,
o los cristos lamentables.

En tu claroscuro brilla
la luz muerta y amarilla
de la horrenda pesadilla,

o hace encender tu pincel
los rojos labios de miel
o la sangre del clavel.

Tienen ojos asesinos
en sus semblantes divinos
tus ángeles femeninos.

Tu caprichosa alegría
mezclaba la luz del día
con la noche oscura y fría:

Así es de ver y admirar
tu misteriosa y sin par
pintura crepuscular.

De lo que da testimonio:
por tus frescos, San Antonio;
por tus brujas, el demonio.

URNA VOTIA

Sobre el caro despojo esta urna cincelo:
un amable frescor de inmortal siempreviva
que decore la greca de la urna votiva
en la copa que guarda rocío del cielo;

una alondra fugaz sorprendida en su vuelo
cuando fuese a cantar en la rama de oliva,
una estatua de Diana en la selva nativa
que la Musa Armonía envolviera en su velo.

Tal si fuese escultor con amor cincelara
en el mármol divino que brinda Carrara,
coronando la obra una lira, una cruz;

y sería mi sueño, al nacer de la aurora,
contemplar en la faz de una niña que llora,
una lágrima llena de amor y de luz.

UN SONETO A CERVANTES

Horas de pesadumbre y de tristeza
paso en mi soledad. Pero Cervantes
es buen amigo. Endulza mis instantes
ásperos, y reposa mi cabeza.

Él es la vida y la naturaleza,
regala un yelmo de oros y diamantes
a mis sueños errantes.
Es para mí: suspira, ríe y reza.

Cristiano y amoroso y caballero
parla como un arroyo cristalino.
¡Así le admiro y le quiero,

viendo cómo el destino
hace que regocije al mundo entero
la tristeza inmortal de ser divino!

TRÉBOL

1

De don Luis de Góngora y Argote
a don Diego de Silva y Velázquez

Mientras el brillo de tu gloria augura
ser en la eternidad sol sin poniente,
fénix de viva luz, fénix ardiente,
diamante parangón de la pintura,

de España está sobre la veste oscura
tu nombre, como joya reluciente;
rompe la Envidia el fatigado diente,
y el Olvido lamenta su amargura.

Yo en equívoco altar, tú en sacro fuego,
miro a través de mi penumbra el día
en que al calor de tu amistad, Don Diego,

jugando de la luz con la armonía,
con la alma luz, de tu pincel el juego
el alma duplicó de la faz mía.

2

De don Diego de Silva Velázquez
a don Luis de Góngora y Argote

Alma de oro, fina voz de oro,
al venir hacia mí, ¿por qué suspiras?
Ya empieza el noble coro de las liras
a preludiar el himno a tu decoro;

ya al misterioso son del noble coro
calma el Centauro sus grotescas iras,
y con nueva pasión que les inspiras,
tornan a amarse Angélica y Medoro.

A Teócrito y Poussin la Fama dote
con la corona de laurel supremo;
que donde da Cervantes el Quijote

y yo las telas con mis luces gemo,
para Don Luis de Góngora y Argote
traerá una nueva palma Polifemo.

3

En tanto "pasce estrellas" el Pegaso divino
y vela tu hipogrifo, Velázquez, la Fortuna,
en los celestes parques al Cisne gongorino
deshoja sus sutiles margaritas la Luna.

Tu castillo, Velázquez, se eleva en el camino
del Arte como torre que de águilas es cuna,
y tu castillo, Góngora, se alza al azul cual una
jaula de ruiseñores labrada de oro fino.

Gloriosa la península que abriga tal colonia.
¡Aquí bronce corintio y allá mármol de Jonia!
Las rosas a Velázquez, y a Góngora claveles.

De ruiseñores y águilas se pueblen las encinas,
y mientras pasa Angélica sonriendo a las Meninas,
salen las nueve musas de un bosque de laureles.

AY, TRISTE DEL QUE UN DÍA...

Ay, triste del que un día en su esfinge interior
pone los ojos e interroga. Está perdido.
Ay del que pide eurekas al placer o al dolor.
Dos dioses hay, y son: Ignorancia y Olvido.

Lo que el árbol desea decir y dice al viento,
y lo que el animal manifiesta en su instinto,
cristalizamos en palabra y pensamiento.
Nada más que maneras expresan lo distinto.

CLEOPOMPO Y HELIODEMO

Cleopompo y Heliodemo, cuya filosofía
es idéntica, gustan dialogar bajo el verde
palio del platanar. Allí Cleopompo muerde
la manzana epicúrea y Heliodemo fía

al aire su confianza en la eterna armonía.
Mal haya quien las Parcas inhumano recuerde:
Si una sonora perla de la clepsidra pierde,
no volverá a ofrecerla la mano que la envía.

Una vaca aparece, crepuscular. Es hora
en que el grillo en su lira hace halagos a Flora,
y en el azul florece un diamante supremo:

y en la pupila enorme de la bestia apacible
miran como que rueda en un ritmo visible
la música del mundo, Cleopompo y Heliodemo.

EL SONETO DE TRECE VERSOS

¡De una juvenil inocencia
qué conservar sino el sutil
perfume, esencia de su Abril,
la más maravillosa esencia!

Por lamentar a mi conciencia
quedó de un sonoro marfil
un cuento que fue de las Mil
y Una Noches de mi existencia…

Scherezada se entredurmió…
El Visir quedó meditando…
Dinarzarda el día olvidó…

Mas el pájaro azul volvió…
Pero…

No obstante…

Siempre…

Cuando…

FILOSOFÍA

Saluda al sol, araña, no seas rencorosa.
Da tus gracias a Dios, ¡oh, sapo!, pues que eres.
El peludo cangrejo tiene espinas de rosa
y los moluscos reminiscencias de mujeres.
Sabed ser lo que sois, enigmas siendo formas;
dejad la responsabilidad a las Normas,
que a su vez la enviarán al Todopoderoso...
(Toca, grillo, a la luz de la luna, y dance el oso).

LETANÍA DE NUESTRO SEÑOR DON QUIJOTE

Rey de los hidalgos, señor de los tristes,
que de fuerzas alientas y de ensueños vistes,
coronado de áureo yelmo de ilusión;
que nadie ha podido vencer todavía,
por la adarga al brazo, toda fantasía,
y la lanza en ristre, toda corazón.

Noble peregrino de los peregrinos,
que santificaste todos los caminos
con el paso augusto de tu heroicidad,
contra las certezas, contra las conciencias,
y contra las leyes y contra las ciencias
y contra la mentira, contra la verdad…

¡Caballero errante de los caballeros,
varón de varones, príncipe de fieros,
par entre los pares, maestro, salud!
¡Salud, porque juzgo que hoy muy poca tienes,
entre los aplausos o entre los desdenes,
y entre las coronas y los parabienes
y las tonterías de la multitud!

¡Tú, para quien pocas fueran las victorias
antiguas y para quien clásicas glorias
serían apenas de ley y razón,
soportas elogios, memorias, discursos,
resistes certámenes, tarjetas, concursos,
y, teniendo a Orfeo, tienes a orfeón!

Escucha, divino Rolando del sueño,
a un enamorado de tu Clavileño,
y cuyo Pegaso relincha hacia ti;
escucha los versos de estas letanías,
hechas con las cosas de todos los días
y con otras que en lo misterioso vi.

¡Ruega por nosotros, hambrientos de vida,
con el alma a tientas, con la fe perdida,
llenos de congojas y faltos de sol,
por advenedizas almas de manga ancha,
que ridiculizan el ser de la Mancha,
el ser generoso y el ser español!

¡Ruega por nosotros, que necesitamos
las mágicas rosas, los sublimes ramos
de laurel! Pro nobis ora, gran señor.
(Tiembla la floresta de laurel del mundo,
y antes que tu hermano vago, Segismundo,
el pálido Hamlet te ofrece una flor.)

Ruega generoso, piadoso, orgulloso;
ruega casto, puro, celeste, animoso;
por nos intercede, suplica por nos,
pues casi ya estamos sin savia, sin brote,
sin alma, sin vida, sin luz, sin Quijote,
sin pies y sin alas, sin Sancho y sin Dios.

De tantas tristezas, de dolores tantos,
de los superhombres de Nietzsche, de cantos
áfonos, recetas que firma un doctor,
de las epidemias de horribles blasfemias
de las Academias,
líbranos, señor.

De rudos malsines,
falsos paladines
y espíritus finos y blandos y ruines,
del hampa que sacia
su canallocracia
con burlar la gloria, la vida, el honor,
del puñal con gracia,
¡líbranos, señor!

Noble peregrino de los peregrinos,
que santificaste todos los caminos
con el paso augusto de tu heroicidad,
contra las certezas, contra las conciencias
y contra las leyes y contra las ciencias,
contra la mentira, contra la verdad...

Ora por nosotros, señor de los tristes,
que de fuerzas alientas y de ensueños vistes,
coronado de áureo yelmo de ilusión;
¡que nadie ha podido vencer todavía,
por la adarga al brazo, toda fantasía,
y la lanza en ristre, toda corazón!

A PHOCAS EL CAMPESINO

Phocas el campesino, hijo mío, que tienes,
en apenas escasos meses de vida, tantos
dolores en tus ojos que esperan tantos llantos
por el fatal pensar que revelan tus sienes…

Tarda en venir a este dolor a donde vienes,
a este mundo terrible en duelos y espantos;
duerme bajo los Ángeles, sueña bajo los Santos,
que ya tendrás la Vida para que te envenenes…

Sueña, hijo mío, todavía, y cuando crezcas,
perdóname el fatal don de darte la vida
que yo hubiera querido de azul y rosas frescas;

pues tú eres la crisálida de mi alma entristecida,
y te he de ver en medio del triunfo que merezcas
renovando el fulgor de mi psique abolida.

¡ALELUYA!

Rosas rosadas y blancas, ramas verdes,
corolas frescas y frescos
ramos, ¡Alegría!

Nidos en los tibios árboles,
huevos en los tibios nidos,
dulzura. ¡Alegría!

El beso de esa muchacha
rubia, y el de esa morena
y el de esa negra, ¡Alegría!

Y el vientre de esa pequeña
de quince años, y sus brazos
armoniosos, ¡Alegría!

Y el aliento de la selva virgen
y el de las vírgenes hembras,
y las dulces rimas de la Aurora,
¡Alegría, Alegría, Alegría!

ESTE DEL CABALLO CANO

Este del cabello cano,
como la piel del armiño,
juntó su candor de niño
con su experiencia de anciano;
cuando se tiene en la mano
un libro de tal varón,
abeja es cada expresión
que, volando del papel,
deja en los labios la miel
y pica en el corazón.

ALLÁ LEJOS

Buey que vi en mi niñez echando vaho un día
bajo el nicaragüense sol de encendidos oros,
en la hacienda fecunda, plena de armonía
del trópico; paloma de los bosques sonoros
del viento, de las hachas, de pájaros y toros
salvajes, yo os saludo, pues sois la vida mía.

Pesado buey, tú evocas la dulce madrugada
que llamaba a la ordeña de la vaca lechera,
cuando era mi existencia toda blanca y rosada,
y tú, paloma arrulladora y montañera,
significas en mi primavera pasada
todo lo que hay en la divina Primavera.

AMO, AMAS

Amar, amar, amar, amar siempre, con todo
el ser y con la tierra y con el cielo,
con lo claro del sol y lo oscuro del lodo:
Amar por toda ciencia y amar por todo anhelo.

Y cuando la montaña de la vida
nos sea dura y larga y alta y llena de abismos,
Amar la inmensidad que es de amor encendida
¡y arder en la fusión de nuestros pechos mismos!

ANTES DE TODO, ¡GLORIA A TI, LEDA!

Antes de todo, ¡gloria a ti, Leda!
tu dulce vientre cubrió de seda
el Dios. ¡Miel y oro sobre la brisa!
Sonaban alternativamente
flauta y cristales, Pan y la fuente.
¡Tierra era canto, Cielo sonrisa!

Ante el celeste, supremo acto,
dioses y bestias hicieron pacto.
Se dio a la alondra la luz del día,
se dio a los búhos sabiduría
y melodía al ruiseñor.
A los leones fue la victoria,
para las águilas toda la gloria
y a las palomas todo el amor.

Pero vosotros sois los divinos
príncipes. Vagos como las naves,
inmaculados como los linos,
maravillosos como las aves.

En vuestros picos tenéis las prendas
que manifiestan corales puros.
Con vuestros pechos abrís las sendas
que arriba indican los Dioscuros.

Las dignidades de vuestros actos,
eternizadas en lo infinito,
hacen que sean ritmos exactos,
voces de ensueño, luces de mito.

De orgullo olímpico sois el resumen,
¡oh, blancas urnas de la armonía!
Ebúrneas joyas que anima un numen
con su celeste melancolía.

¡Melancolía de haber amado,
junto a la fuente de la arboleda,
el luminoso cuello estirado
entre los blancos muslos de Leda!

HEMOS DE SER JUSTOS, HEMOS DE SER BUENOS

Hemos de ser justos, hemos de ser buenos,
Hemos de embriagarnos de paz y amor,
Y llevar el alma siempre a flor de labios
Y desnudo y limpio nuestro corazón.

Hemos de olvidarnos de todos los odios,
de toda mentira, de toda ruindad
hemos de abrasarnos en el santo fuego
de un amor inmenso, dulce y fraternal.

Hemos de llenarnos de santo optimismo,
tender nuestros brazos a quien nos hirió;
y abrazar a todos nuestros enemigos
en un dulce abrazo de amor y perdón.

Olvidar pasiones, rencores, vilezas…
Ser fuertes, piadosos, dando bien por mal:
¡Que esa es la venganza de las almas fuertes
Que viven poseídas de un santo ideal!

"Hemos de estar siempre gozosos", tal dijo
Pablo el elegido, con divina voz,
y a través de todos los claros caminos
caminar llevando puesta el alma en Dios.

Hemos de acordarnos que somos hermanos,
hemos de acordarnos del dulce Pastor.
Que crucificado, lacerado, exánime…
para sus verdugos imploró perdón.

GRATITUD A MASAYA

Por doquiera donde vaya,
el recuerdo irá conmigo,
Del corazón de Masaya,
Tan hidalgo y tan amigo.
Son retorno y despedida
Juntos en este momento;
Más de Masaya florida
El nombre de mi pensamiento
Irá por toda la vida.
A esta región hechicera
No quiero decir adiós
Que la vea antes que muera
Que esté siempre en primavera
y que la bendiga Dios.

AUGURIOS

Hoy pasó un águila
sobre mi cabeza,
lleva en sus alas
la tormenta,
lleva en sus garras
el rayo que deslumbra y aterra.
¡Oh, águila!
Dame la fortaleza
de sentirme en el lodo humano
con alas y fuerzas
para resistir los embates
de las tempestades perversas,
y de arriba las cóleras
y de abajo las roedoras miserias.

Pasó un búho
sobre mi frente.
Yo pensé en Minerva
y en la noche solemne.
¡Oh, búho!
Dame tu silencio perenne,
y tus ojos profundos en la noche
y tu tranquilidad ante la muerte.
Dame tu nocturno imperio
y tu sabiduría celeste,
y tu cabeza cual la de Jano
que, siendo una, mira a Oriente y Occidente.

Pasó una paloma
que casi rozó con sus alas mis labios.
¡Oh, paloma!
Dame tu profundo encanto
de saber arrullar, y tu lascivia
en campo tornasol, y en campo
de luz tu prodigioso

ardor en el divino acto.
(Y dame la justicia en la naturaleza,
pues, en este caso,
tú serás la perversa
y el chivo será el casto).

Pasó un gerifalte. ¡Oh, gerifalte!
Dame tus uñas largas
y tus ágiles alas cortadoras de viento
y tus ágiles patas
y tus uñas que bien se hunden
en las carnes de la caza.
Por mi cetrería
irás en giras fantásticas,
y me traerás piezas famosas
y raras,
palpitantes ideas,
sangrientas almas.

Pasa el ruiseñor.
¡Ah, divino doctor!
No me des nada. Tengo tu veneno,
tu puesta de sol
y tu noche de luna y tu lira,
y tu lírico amor.
(Sin embargo, en secreto,
tu amigo soy,
pues más de una vez me has brindado,
en la copa de mi dolor,
con el elixir de la luna
celestes gotas de Dios…)

Pasa un murciélago.
Pasa una mosca. Un moscardón.
Una abeja en el crepúsculo.
No pasa nada.
La muerte llegó.

AUTUMNAL

En las pálidas tardes
yerran nubes tranquilas
en el azul; en las ardientes manos
se posan las cabezas pensativas.
¡Ah los suspiros! ¡Ah los dulces sueños!
¡Ah las tristezas íntimas!
¡Ah el polvo de oro que en el aire flota,
tras cuyas ondas trémulas se miran
los ojos tiernos y húmedos,
las bocas inundadas de sonrisas,
las crespas cabelleras
y los dedos de rosa que acarician!

En las pálidas tardes
me cuenta un hada amiga
las historias secretas
llenas de poesía;
lo que cantan los pájaros,
lo que llevan las brisas,
lo que vaga en las nieblas,
lo que sueñan las niñas.

Una vez sentí el ansia
de una sed infinita.
Dije al hada amorosa:
—Quiero en el alma mía
tener la aspiración honda, profunda,
inmensa: luz, calor, aroma, vida.
Ella me dijo:
—¡Ven!? con el acento
con que hablaría un arpa. En él había
un divino aroma de esperanza.
¡Oh sed del ideal!
Sobre la cima
de un monte, a medianoche,
me mostró las estrellas encendidas.
Era un jardín de oro

con pétalos de llama que titilan.
Exclamé: —Más…
La aurora
vino después. La aurora sonreía,
con la luz en la frente,
como la joven tímida
que abre la reja, y la sorprenden luego
ciertas curiosas, mágicas pupilas.
Y dije: —¿Más…? Sonriendo
la celeste hada amiga
prorrumpió: —¡Y bien! ¡Las flores!
Y las flores
estaban frescas, lindas,
empapadas de olor: la rosa virgen,
la blanca margarita,
la azucena gentil y las volúbiles
que cuelgan de la rama estremecida.
Y dije: —Más…
El viento
arrastraba rumores, ecos, risas,
murmullos misteriosos, aleteos,
músicas nunca oídas.

El hada entonces me llevó hasta el velo
que nos cubre las ansias infinitas,
la inspiración profunda
y el alma de las liras.
Y los rasgó. Allí todo era aurora.
En el fondo se vía
un bello rostro de mujer.
¡Oh; nunca,
Piérides, diréis las sacras dichas
que en el alma sintiera!
Con su vaga sonrisa:
—¿Más?…? —dijo el hada.
Y yo tenía entonces
clavadas las pupilas
en el azul; y en mis ardientes manos
se posó mi cabeza pensativa…

THÁNATOS

En medio del camino de la Vida…
dijo Dante. Su verso se convierte:
En medio del camino de la Muerte.

Y no hay que aborrecer a la ignorada
emperatriz y reina de la Nada.
Por ella nuestra tela está tejida,
y ella en la copa de los sueños vierte
un contrario nepente: ¡ella no olvida!

TARDES DEL TRÓPICO

Es la tarde gris y triste.
Viste el mar de terciopelo
y el cielo profundo viste
de duelo.

Del abismo se levanta
la queja amarga y sonora.
La onda, cuando el viento canta,
llora.

Los violines de la bruma
saludan al sol que muere.
Salmodia la blanca espuma:
miserere.

La armonía del cielo inunda,
y la brisa va a llevar
la canción triste y profunda
del mar.

Del clarín del horizonte
brota sinfonía rara,
como si la voz del monte
vibrara.

Cual si fuese lo invisible…
cual si fuese el rudo son
que diese al viento un terrible
león.

SONETO AUTUMNAL AL MARQUÉS DE BRADOMÍN

Marqués (como el Divino lo eres), te saludo.
Es el otoño y vengo de un Versalles doliente.
Había mucho frío y erraba vulgar gente.
El chorro de agua de Verlaine estaba mudo.

Me quedé pensativo ante un mármol desnudo,
cuando vi una paloma que pasó de repente,
y por caso de cerebración inconsciente
pensé en ti. Toda exégesis en este caso eludo.

Versalles otoñal; una paloma; un lindo
mármol; un vulgo errante, municipal y espeso;
anteriores lecturas de tus sutiles prosas;

la reciente impresión de tus triunfos... prescindo
de más detalles para explicarte por eso
cómo, autumnal, te envío este ramo de rosas.

POR DOQUIERA DONDE VAYA

Por doquiera donde vaya,
el recuerdo irá conmigo,
Del corazón de Masaya,
Tan hidalgo y tan amigo.
Son retorno y despedida
Juntos en este momento;
Más de Masaya florida
El nombre de mi pensamiento
Irá por toda la vida.
A esta región hechicera
No quiero decir adiós
Que la vea antes que muera
Que esté siempre en primavera
y que la bendiga Dios.

POR EL INFLUJO DE LA PRIMAVERA

Sobre el jarrón de cristal
hay flores nuevas. Anoche
hubo una lluvia de besos.
Despertó un fauno bicorne
tras un alma sensitiva.
Dieron su olor muchas flores.
En la pasional siringa
brotaron las siete voces
que en siete carrizos puso
Pan.

Antiguos ritos paganos
se renovaron. La estrella
de Venus brilló más límpida
y diamantina. Las fresas
del bosque dieron su sangre.
El nido estuvo de fiesta.
Un ensueño florentino
se enfloró de primavera,
de modo que en carne viva
renacieron ansias muertas.
Imaginaos un roble
que diera una rosa fresca;
un buen egipán latino
con una bacante griega
y parisiense. Una música
magnífica. Una suprema
inspiración primitiva,
llena de cosas modernas.
Un vasto orgullo viril
que aroma el odor di femina;
un trono de roca en donde
descansa un lirio.

¡Divina Estación! ¡Divina
Estación! Sonríe el alba
más dulcemente. La cola
del pavo real exalta
su prestigio. El sol aumenta
su íntima influencia; y el arpa
de los nervios vibra sola.
¡Oh, Primavera sagrada!
¡Oh, gozo del don sagrado
de la vida! ¡Oh, bella palma
sobre nuestras frentes! ¡Cuello
del cisne! ¡Paloma blanca!
¡Rosa roja! ¡Palio azul!
Y todo por ti, ¡oh alma!
Y por ti, cuerpo, y por ti,
idea, que los enlazas.
¡Y por Ti, lo que buscamos
y no encontraremos nunca,
jamás!

POR UN MOMENTO, ¡OH CISNE!, JUNTARÉ MIS ANHELOS

Por un momento, ¡oh Cisne!, juntaré mis anhelos
a los de tus dos alas que abrazaron a Leda,
y a mi maduro ensueño, aún vestido de seda,
dirás, por los Dioscuros, la gloria de los cielos.

Es el otoño. Ruedan de la flauta consuelos.
Por un instante, ¡oh Cisne!, en la oscura alameda
sorberé entre dos labios lo que el Pudor me veda,
y dejaré mordidos Escrúpulos y Celos.

Cisne, tendré tus alas blancas por un instante,
y el corazón de rosa que hay en tu dulce pecho
palpitará en el mío con su sangre constante.

Amor será dichoso, pues estará vibrante
el júbilo que pone al gran Pan en acecho
mientras su ritmo esconde la fuente de diamante.

EL VERSO SUTIL QUE PASA O SE POSA

El verso sutil que pasa o se posa
sobre la mujer o sobre la rosa,
beso puede ser, o ser mariposa.

En la fresca flor el verso sutil;
el triunfo de Amor en el mes de abril:
Amor, verso y flor, la niña gentil.

Amor y dolor. Halagos y enojos.
Herodías ríe en los labios rojos.
Dos verdugos hay que están en los ojos.

¡Oh, saber amar es saber sufrir!
Amar y sufrir, sufrir y sentir,
y el hacha besar que nos ha de herir…

¡Rosa de dolor, gracia femenina;
inocencia y luz, corola divina!,
y aroma fatal y cruel espina…

Líbranos, Señor, de abril y la flor
y del cielo azul y del ruiseñor,
de dolor y amor, líbranos, Señor.

EN EL PAÍS DE LAS ALEGORÍAS

En el país de las Alegorías
Salomé siempre danza,
ante el tiarado Herodes,
eternamente;
y la cabeza de Juan el Bautista,
ante quien tiemblan los leones,
cae al hachazo. Sangre llueve.

Pues la rosa sexual
al entreabrirse
conmueve todo lo que existe,
con su efluvio carnal
y con su enigma espiritual.

DE OTOÑO

Yo sé que hay quienes dicen: ¿Por qué no canta ahora
con aquella locura armoniosa de antaño?
Ésos no ven la obra profunda de la hora,
la labor del minuto y el prodigio del año.

Yo, pobre árbol, produje, al amor de la brisa,
cuando empecé a crecer, un vago y dulce son.
Pasó ya el tiempo de la juvenil sonrisa:
¡Dejad al huracán mover mi corazón!

DEL TRÓPICO

¡Qué alegre y fresca la mañanita!
Me agarra el aire por la nariz:
los perros ladran, un chico grita
y una muchacha gorda y bonita,
junto a una piedra, muele maíz.

Un mozo trae por un sendero
sus herramientas y su morral:
otro con caites y sin sombrero
busca una vaca con su ternero
para ordeñarla junto al corral.

Sonriendo a veces a la muchacha,
que de la piedra pasa al fogón,
un sabanero de buena facha,
casi en cuclillas afila el hacha
sobre una orilla del mollejón.

Por las colinas la luz se pierde
bajo el cielo claro y sin fin;
ahí el ganado las hojas muerde,
y hay en los tallos del pasto verde,
escarabajos de oro y carmín.

Sonando un cuerno corvo y sonoro,
pasa un vaquero, y a plena luz
vienen las vacas y un blanco toro,
con unas manchas color de oro
por la barriga y en el testuz.

Y la patrona, bate que bate,
me regocija con la ilusión
de una gran taza de chocolate,
que ha de pasarme por el gaznate
con la tostada y el requesón.

LO FATAL

Dichoso el árbol que es apenas sensitivo,
y más la piedra dura porque esa ya no siente,
pues no hay dolor más grande que el dolor de ser vivo,
ni mayor pesadumbre que la vida consciente.

Ser, y no saber nada, y ser sin rumbo cierto,
y el temor de haber sido y un futuro terror…
Y el espanto seguro de estar mañana muerto,
y sufrir por la vida y por la sombra y por

lo que no conocemos y apenas sospechamos,
y la carne que tienta con sus frescos racimos,
y la tumba que aguarda con sus fúnebres ramos,
¡y no saber adónde vamos,
ni de dónde venimos!…

LOS CISNES

¿Qué signo haces, oh Cisne, con tu encorvado cuello
al paso de los tristes y errantes soñadores?
¿Por qué tan silencioso de ser blanco y ser bello,
tiránico a las aguas e impasible a las flores?

Yo te saludo ahora como en versos latinos
te saludara antaño Publio Ovidio Nasón.
Los mismos ruiseñores cantan los mismos trinos,
y en diferentes lenguas la misma canción.

A vosotros mi lengua no debe ser extraña.
A Garcilaso visteis, acaso, alguna vez…
Soy un hijo de América, soy un nieto de España…
Quevedo pudo hablaros en verso en Aranjuez…

Cisnes, los abanicos de vuestras alas frescas
den a las frentes pálidas sus caricias más puras
y alejen vuestras blancas figuras pintorescas
de nuestras mentes tristes las ideas oscuras.

Brumas septentrionales nos llenan de tristezas,
se mueren nuestras rosas, se agotan nuestras palmas,
casi no hay ilusiones para nuestras cabezas,
y somos mendigos de nuestras pobres almas.

Nos predican la guerra con águilas feroces,
gerifaltes de antaño revienen a los puños,
mas no brillan las glorias de las antiguas hoces,
ni hay Rodrigos, ni Jaimes, ni hay Alfonsos ni Nuños.

Faltos de los alientos que dan las grandes cosas,
¿qué haremos los poetas sino buscar tus lagos?
A falta de laureles son muy dulces las rosas,
y a falta de victorias busquemos los halagos.

La América española como la España entera
fija está en el Oriente de su fatal destino;
yo interrogo a la Esfinge que el porvenir espera
con la interrogación de tu cuello divino.

¿Seremos entregados a los bárbaros fieros?
¿Tantos millones de hombres hablaremos inglés?
¿Ya no hay nobles hidalgos ni bravos caballeros?
¿Callaremos ahora para llorar después?

He lanzado mi grito, Cisnes, entre vosotros
que habéis sido los fieles en la desilusión,
mientras siento una fuga de americanos potros
y el estertor postrero de un caduco león…

…Y un Cisne negro dijo: «La noche anuncia el día».
Y uno blanco: «¡La aurora es inmortal, la aurora
es inmortal!». ¡Oh, tierras de sol y armonía,
aún guarda la Esperanza la caja de Pandora!

MADRIGAL EXALTADO

¡Dies irae, dies illa!
¡Solvet seclum in favilla
cuando quema esa pupila!

La tierra se vuelve loca,
el cielo a la tierra invoca
cuando sonríe esa boca.

Tiemblan los lirios tempranos
y los árboles lozanos
al contacto de esas manos.

El bosque se encuentra estrecho
al egipán en acecho
cuando respira ese pecho.

Sobre los senderos, es
como una fiesta, después
que se han sentido esos pies.

Y el Sol, sultán de orgullosas
rosas, dice a sus hermosas
cuando en primavera están:
¡Rosas, rosas, dadme rosas
para Adela Villagrán!

MARINA

Mar armonioso,
mar maravilloso,
tu salada fragancia,
tus colores y músicas sonoras
me dan la sensación divina de mi infancia
en que suaves las horas
venían en un paso de danza reposada
a dejarme un ensueño o regalo de hada.

Mar armonioso,
mar maravilloso,
de arcadas de diamante que se rompen en vuelos
rítmicos que denuncian algún ímpetu oculto,
espejo de mis vagas ciudades de los cielos,
blanco y azul tumulto
de donde brota un canto
inextinguible,
mar paternal, mar santo,
mi alma siente la influencia de tu alma invisible.

Velas de los Colones
y velas de los Vascos,
hostigadas por odios de ciclones
ante la hostilidad de los peñascos;
o galeras de oro,
velas purpúreas de bajeles
que saludaron el mugir del toro
celeste, con Europa sobre el lomo
que salpicaba la revuelta espuma.
¡Magnífico y sonoro
se oye en las aguas como
un tropel de tropeles,
tropel de los tropeles de tritones!
Brazos salen de la onda, suenan vagas canciones,
brillan piedras preciosas,
mientras en las revueltas extensiones
Venus y el Sol hacen nacer mil rosas.

LA DULZURA DEL ÁNGELUS

La dulzura del ángelus matinal y divino
que diluyen ingenuas campanas provinciales
en un aire inocente a fuerza de rosales,
de plegaria, de ensueño de virgen y de trino

de ruiseñor, opuesto todo al rudo destino
que no cree en Dios... El áureo ovillo vespertino
que la tarde devana tras opacos cristales
por tejer la inconsútil tela de nuestros males,

todos hechos de carne y aromados de vino...
Y esta atroz amargura de no gustar de nada,
de no saber adónde dirigir nuestra proa

mientras el pobre esquife en la noche cerrada
va en las hostiles olas huérfano de la aurora...
(¡Oh, suaves campanas entre la madrugada!).

MELANCOLÍA

Hermano, tú que tienes la luz, dime la mía.
Soy como un ciego. Voy sin rumbo y ando a tientas.
Voy bajo tempestades y tormentas
ciego de sueño y loco de armonía.

Ése es mi mal. Soñar. La poesía
es la camisa férrea de mil puntas cruentas
que llevo sobre el alma. Las espinas sangrientas
dejan caer las gotas de mi melancolía.

Y así voy, ciego y loco, por este mundo amargo;
a veces me parece que el camino es muy largo,
y a veces que es muy corto…

Y en este titubeo de aliento y agonía,
cargo lleno de penas lo que apenas soporto.
¿No oyes caer las gotas de mi melancolía?

NO OBSTANTE

¡Oh, terremoto mental!
Yo sentí un día en mi cráneo
como el caer subitáneo
de una Babel de cristal.

De Pascal miré el abismo,
y vi lo que pudo ver
cuando sintió Baudelaire
"el ala del idiotismo".

Hay, no obstante, que ser fuerte;
pasar todo precipicio
y ser vencedor del Vicio
de la Locura y la Muerte.

OFRENDA

¡Oh, cómo florece mi cuerpo, desde cada vena,
con más aroma, desde que te reconozco!
Mira, ando más esbelto y más derecho,
y tú tan sólo esperas… ¿pero quién eres tú?

Mira; yo siento cómo distancio,
cómo pierdo lo antiguo, hoja tras hoja.
Solo tu sonrisa permanece como muchas estrellas
sobre ti, y pronto también sobre mí.

A todo aquello que a través de mi infancia
sin nombre aún refulge, como el agua,
le voy a dar tu nombre en el altar
que está encendido de tu pelo
y rodeado, leve, con tus pechos.

NOCTURNO

Quiero expresar mi angustia en versos que abolida
dirán mi juventud de rosas y de ensueños,
y la desfloración amarga de mi vida
por un vasto dolor y cuidados pequeños.

Y el viaje a un vago Oriente por entrevistos barcos,
y el grano de oraciones que floreció en blasfemia,
y los azoramientos del cisne entre los charcos
y el falso azul de inquirida bohemia.

Lejano clavicordio que en silencio y olvido
no diste nunca al sueño la sublime sonata,
huérfano esquife, árbol insigne, oscuro nido
que suavizó la noche de dulzura de plata…

Esperanza olorosa a hierbas frescas, trino
del ruiseñor primaveral y matinal,
azucena tronchada por un fatal destino,
rebusca de la dicha, persecución del mal…

El ánfora funesta del divino veneno
que ha de hacer por la vida la tortura interior,
la conciencia espantable de nuestro humano cieno
y el horror de sentirse pasajero, el horror

de ir a tientas, en intermitentes espantos,
hacia lo inevitable desconocido y la
pesadilla brutal de este dormir de llantos
¡de la cual no hay más que Ella que nos despertará!

PROGRAMA MATINAL

¡Claras horas de la mañana
en que mil clarines de oro
dicen la divina diana!
¡Salve al celeste Sol sonoro!

En la angustia de la ignorancia
de lo porvenir, saludemos
la barca llena de fragancia
que tiene de marfil los remos.

¡Epicúreos o soñadores
amemos la gloriosa Vida,
siempre coronada de flores
y siempre la antorcha encendida!

Exprimamos de los racimos
de nuestra vida transitoria
los placeres porque vivimos
y los champañas de la gloria.

Devanemos de Amor los hilos,
hagamos, porque es bello, el bien,
y después durmamos tranquilos
y por siempre jamás. Amén.

PROPÓSITO PRIMAVERAL

A saludar me ofrezco y a celebrar me obligo
tu triunfo, Amor, al beso de la estación que llega
mientras el blanco cisne del lago azul navega
en el mágico parque de mis triunfos testigo.

Amor, tu hoz de oro ha segado mi trigo;
por ti me halaga el suave son de la flauta griega,
y por ti Venus pródiga sus manzanas me entrega
y me brinda las perlas de las mieles del higo.

En el erecto término coloco una corona
en que de rosas frescas la púrpura detona;
y en tanto canta el agua bajo el boscaje oscuro,

junto a la adolescente que en el misterio inicio
apuraré alternando con tu dulce ejercicio
las ánforas de oro del divino Epicuro.

MARGARITA, ESTÁ LINDA LA MAR

Margarita, está linda la mar,
y el viento
lleva esencia sutil de azahar;
yo siento
en el alma una alondra cantar;
tu acento.
Margarita, te voy a contar
un cuento.

Este era un rey que tenía
un palacio de diamantes,
una tienda hecha del día
y un rebaño de elefantes.

Un kiosko de malaquita,
un gran manto de tisú,
y una gentil princesita,
tan bonita,
Margarita,
tan bonita como tú.

Una tarde la princesa
vio una estrella aparecer;
la princesa era traviesa
y la quiso ir a coger.

La quería para hacerla
decorar un prendedor,
con un verso y una perla,
una pluma y una flor.

Las princesas primorosas
se parecen mucho a ti.
Cortan lirios, cortan rosas,
cortan astros. Son así.

Pues se fue la niña bella,
bajo el cielo y sobre el mar,
a cortar la blanca estrella
que la hacía suspirar.

Y siguió camino arriba,
por la luna y más allá;
mas lo malo es que ella iba
sin permiso del papá.

Cuando estuvo ya de vuelta
de los parques del Señor,
se miraba toda envuelta
en un dulce resplandor.

Y el rey dijo: "¿Qué te has hecho?
Te he buscado y no te hallé;
y ¿qué tienes en el pecho,
que encendido se te ve?"

La princesa no mentía,
y así, dijo la verdad:
"Fui a cortar la estrella mía
a la azul inmensidad."

Y el rey clama: "¿No te he dicho
que el azul no hay que tocar?
¡Qué locura! ¡Qué capricho!
El Señor se va a enojar."

Y dice ella: "No hubo intento:
yo me fui no sé por qué;
por las olas y en el viento
fui a la estrella y la corté."

Y el papá dice enojado:
"Un castigo has de tener:
vuelve al cielo, y lo robado
vas ahora a devolver."

La princesa se entristece
por su dulce flor de luz,
cuando entonces aparece
sonriendo el buen Jesús.

Y así dice: "En mis campiñas
esa rosa le ofrecí:
son mis flores de las niñas
que al soñar piensan en mí."

Viste el rey ropas brillantes,
y luego hace desfilar
cuatrocientos elefantes
a la orilla de la mar.

La princesa está bella,
pues ya tiene el prendedor,
en que lucen, con la estrella,
verso, perla, pluma y flor.

Margarita, está linda la mar,
y el viento
lleva esencia sutil de azahar:
tu aliento

Ya que lejos de mí vas a estar
guarda, niña, un gentil pensamiento
al que un día te quiso contar
un cuento.

A CRISTÓBAL COLÓN

¡Desgraciado Almirante! Tu pobre América,
tu india virgen y hermosa de sangre cálida,
la perla de tus sueños, es una histérica
de convulsivos nervios y frente pálida.

Un desastroso espíritu posee tu tierra:
donde la tribu unida blandió sus mazas,
hoy se enciende entre hermanos perpetua guerra,
se hieren y destrozan las mismas razas.

Al ídolo de piedra reemplaza ahora
el ídolo de carne que se entroniza,
y cada día alumbra la blanca aurora
en los campos fraternos sangre y ceniza.

Desdeñando a los reyes nos dimos leyes
al son de los cañones y los clarines,
y hoy al favor siniestro de negros reyes
fraternizan los Judas con los Caínes.

Bebiendo la esparcida savia francesa
con nuestra boca indígena semiespañola,
día a día cantamos la Marsellesa
para acabar danzando la Carmañola.

Las ambiciones pérfidas no tienen diques,
soñadas libertades yacen deshechas.
¡Eso no hicieron nunca nuestros caciques,
a quienes las montañas daban las flechas! .

Ellos eran soberbios, leales y francos,
ceñidas las cabezas de raras plumas;
¡ojalá hubieran sido los hombres blancos
como los Atahualpas y Moctezumas!

Cuando en vientres de América cayó semilla
de la raza de hierro que fue de España,

mezcló su fuerza heroica la gran Castilla
con la fuerza del indio de la montaña.

¡Pluguiera a Dios las aguas antes intactas
no reflejaran nunca las blancas velas;
ni vieran las estrellas estupefactas
arribar a la orilla tus carabelas!

Libre como las águilas, vieran los montes
pasar los aborígenes por los boscajes,
persiguiendo los pumas y los bisontes
con el dardo certero de sus carcajes.

Que más valiera el jefe rudo y bizarro
que el soldado que en fango sus glorias finca,
que ha hecho gemir al zipa bajo su carro
o temblar las heladas momias del Inca.

La cruz que nos llevaste padece mengua;
y tras encanalladas revoluciones,
la canalla escritora mancha la lengua
que escribieron Cervantes y Calderones.

Cristo va por las calles flaco y enclenque,
Barrabás tiene esclavos y charreteras,
y en las tierras de Chibcha, Cuzco y Palenque
han visto engalonadas a las panteras.

Duelos, espantos, guerras, fiebre constante
en nuestra senda ha puesto la suerte triste:
¡Cristóforo Colombo, pobre Almirante,
ruega a Dios por el mundo que descubriste!

A MI MADRE

Soñé que me hallaba un día
en lo profundo del mar:
sobre el coral que allí había
y las perlas, relucía
una tumba singular.

Acerqueme cauteloso
a aquel lugar del dolor
y leí: "Yace en reposo
aquel amor no dichoso
pero inmenso, santo amor".

La mano en la tumba umbría
tuve y perdí la razón.
Al despertar yo tenía
la mano trémula y fría
puesta sobre el corazón.

A UNA NOVIA

Alma blanca, más blanca que el lirio
frente blanca, más blanca que el cirio
que ilumina el altar del Señor:
ya serás por hermosa encendida,
ya será sonrosada y herida
por el rayo de la luz del amor.

Labios rojos de sangre divina,
labios donde la risa argentina
junta el albo marfil al clavel:
ya veréis cómo el beso os provoca,
cuando Cipris envíe a esa boca
sus abejas sedientas de miel.

Manos blancas, cual rosas benditas
que sabéis deshojar margaritas
junto al fresco rosal del Pensil:
¡ya daréis la canción del amado
cuando hiráis el sonoro teclado
del triunfal clavicordio de Abril!

Ojos bellos de ojeras cercados:
¡ya veréis los palacios dorados
de una vaga, ideal Estambul,
cuando lleven las hadas a Oriente
a la Bella del Bosque Durmiente,
en el carro del Príncipe Azul!

¡Blanca flor! De tu cáliz risueño
la libélula errante del Sueño
alza el vuelo veloz, ¡blanca flor!
Primavera su palio levanta,
y hay un coro de alondras que canta
la canción matinal del amor.

ALMA MÍA

Alma mía, perdura en tu idea divina;
todo está bajo el signo de un destino supremo;
sigue en tu rumbo, sigue hasta el ocaso extremo
por el camino que hacia la Esfinge te encamina.

Corta la flor al paso, deja la dura espina;
en el río de oro lleva a compás el remo;
saluda el rudo arado del rudo Triptolemo,
y sigue como un dios que sus sueños destina…

Y sigue como un dios que la dicha estimula,
y mientras la retórica del pájaro te adula
y los astros del cielo te acompañan, y los

ramos de la Esperanza surgen primaverales,
atraviesa impertérrita por el bosque de males
sin temer las serpientes; y sigue, como un dios…

CANCIÓN DE OTOÑO EN PRIMAVERA

Juventud, divino tesoro,
¡ya te vas para no volver!
Cuando quiero llorar, no lloro,
y a veces lloro sin querer…

Plural ha sido la celeste
historia de mi corazón.
Era una dulce niña en este
mundo de duelo y aflicción.

Miraba como el alba pura,
sonreía como una flor.
Era su cabellera oscura,
hecha de noche y de dolor.

Yo era tímido como un niño;
ella, naturalmente, fue
para mi amor hecho de armiño,
Herodías y Salome…

Juventud, divino tesoro
¡ya te vas para no volver!
Cuando quiero llorar, no lloro,
y a veces lloro sin querer,

La otra fue más sensitiva,
y más consoladora y más
halagadora y expresiva,
cual no pensé encontrar jamás.

Pues a su continua ternura
una pasión violenta unía.
En un peplo de gasa pura
una bacante se envolvía…

En sus brazos tomó mi ensueño
y lo arrulló como a un bebé…

Y le mató, triste y pequeño,
falto de luz, falto de fe…

Juventud divino tesoro,
¡te fuiste para no volver!
Cuando quiero llorar, no lloro,
y a veces lloro sin querer…

Otra juzgó que era mi boca
el estuche de su pasión;
y que me roería, loca,
con sus dientes el corazón;

poniendo en un amor de exceso
la mira de su voluntad,
mientras eran abrazo y beso
síntesis de la eternidad;

y de nuestra carne ligera
imaginar siempre un Edén,
sin pensar que la Primavera
y la carne acaban también…

Juventud, divino tesoro,
¡ya te vas para no volver!
Cuando quiero llorar, no lloro,
y a veces lloro sin querer…

¡Y las demás! En tantos climas,
en tantas tierras, siempre son,
si no pretextos de mis rimas,
fantasmas de mi corazón.

En vano busqué a la princesa
que estaba triste de esperar.
La vida es dura. Amarga y pesa.
¡Ya no hay princesa que cantar!

Mas, a pesar del tiempo terco,
mi sed de amor no tiene fin;
con el cabello gris me acerco
a los rosales del jardín…

Juventud, divino tesoro,
¡ya te vas para no volver!
Cuando quiero llorar, no lloro,
y a veces lloro sin querer…

¡Mas es mía el Alba de oro!

CANTO DE ESPERANZA

Un gran vuelo de cuervos mancha el azul celeste.
Un soplo milenario trae amagos de peste.
Se asesinan los hombres en el extremo Este.

¿Ha nacido el apocalíptico Anticristo?
Se han sabido presagios y prodigios se han visto
y parece inminente el retorno de Cristo.

La tierra está preñada de dolor tan profundo
que el soñador, imperial meditabundo,
sufre con las angustias del corazón del mundo.

Verdugos de ideales afligieron la tierra,
en un pozo de sombra la humanidad se encierra
con los rudos molosos del odio y de la guerra.

¡Oh, Señor Jesucristo! ¡Por qué tardas, qué esperas
para tender tu mano de luz sobre las fieras
y hacer brillar al sol tus divinas banderas!

Surge de pronto y vierte la esencia de la vida
sobre tanta alma loca, triste o empedernida,
que amante de tinieblas tu dulce aurora olvida.

Ven, Señor, para hacer la gloria de Ti mismo;
ven con temblor de estrellas y horror de cataclismo,
ven a traer amor y paz sobre el abismo.

Y tu caballo blanco, que miró el visionario,
pase. Y suene el divino clarín extraordinario.
Mi corazón será brasa de tu incensario.

CANTO DE SANGRE

Sangre de Abel. Clarín de las batallas.
Luchas fraternales; estruendos, horrores;
flotan las banderas, hieren las metrallas,
y visten la púrpura los emperadores.

Sangre del Cristo. El órgano sonoro.
La viña celeste da el celeste vino;
y en el labio sacro del cáliz de oro
las almas se abrevan del vino divino.

Sangre de los martirios. El salterio.
Hogueras; leones, palmas vencedoras;
los heraldos rojos con que del misterio
vienen precedidas las grandes auroras.

Sangre que vierte el cazador. El cuerno.
Furias escarlatas y rojos destinos
forjan en las fraguas del obscuro Infierno
las fatales armas de los asesinos.

¡Oh sangre de las vírgenes! La lira.
Encanto de abejas y de mariposas.
La estrella de Venus desde el cielo mira
el purpúreo triunfo de las reinas rosas.

Sangre que la Ley vierte.
Tambor a la sordina.
Brotan las adelfas que riega la Muerte
y el rojo cometa que anuncia la ruina.

Sangre de los suicidas. Organillo.
Fanfarrias macabras, responsos corales,
con que de Saturno celébrase el brillo
en los manicomios y en los hospitales.

CARACOL

En la playa he encontrado un caracol de oro
macizo y recamado de las perlas más finas;
Europa le ha tocado con sus manos divinas
cuando cruzó las ondas sobre el celeste toro.

He llevado a mis labios el caracol sonoro
y he suscitado el eco de las dianas marinas,
le acerqué a mis oídos y las azules minas
me han contado en voz baja su secreto tesoro.

Así la sal me llega de los vientos amargos
que en sus hinchadas velas sintió la nave Argos
cuando amaron los astros el sueño de Jasón;

y oigo un rumor de olas y un incógnito acento
y un profundo oleaje y un misterioso viento…
(El caracol la forma tiene de un corazón).

¿CÓMO DECÍA USTED, AMIGO MÍO?

¿Cómo decía usted, amigo mío?
¿Qué el amor es un río? No es extraño.
Es ciertamente un río
que, uniéndose al confluente del desvío,
va a perderse en el mar del desengaño.

DE INVIERNO

En invernales horas, mirad a Carolina.
Medio apelotonada, descansa en el sillón,
Envuelta con su abrigo de marta cibelina
Y no lejos del fuego que brilla en el salón.

El fino angora blanco junto a ella se reclina,
Rozando con su hocico la falda de Alençón,
No lejos de las jarras de porcelana china
Que medio oculta un biombo de seda del Japón.

Con sus sutiles filtros la invade un dulce sueño;
Entro, sin hacer ruido; dejo mi abrigo gris;
Voy a besar su rostro, rosado y halagüeño

Como una rosa roja que fuera flor de lis.
Abre los ojos, mírame, con su mirar risueño,
Y en tanto cae la nieve del cielo de París.

DIVINA PSIQUIS

¡Divina Psiquis, dulce Mariposa invisible
que desde los abismos has venido a ser todo
lo que en mi ser nervioso y en mi cuerpo sensible
forma la chispa sacra de la estatua de lodo!

Te asomas por mis ojos a la luz de la tierra
y prisionera vives en mí de extraño dueño:
te reducen a esclava mis sentidos en guerra
y apenas vagas libre por el jardín del sueño.

Sabía de la Lujuria que sabe antiguas ciencias,
te sacudes a veces entre imposibles muros,
y más allá de todas las vulgares conciencias
exploras los recodos más terribles y oscuros.

Y encuentras sombra y duelo. Que sombra y duelo encuentres
bajo la viña donde nace el vino del Diablo.
Te posas en los senos, te posas en los vientres
que hicieron a Juan loco e hicieron cuerdo a Pablo.

A Juan virgen y a Pablo militar y violento,
A Juan que nunca supo del supremo contacto;
a Pablo el tempestuoso que halló a Cristo en el viento,
y a Juan ante quien Hugo se queda estupefacto.

Entre la catedral y las ruinas paganas
vuelas, ¡oh, Psiquis, oh, alma mía!
-como decía
aquel celeste Edgardo
que entró en el paraíso entre un son de campanas
y un perfume de nardo-,
entre la catedral
y las paganas ruinas
repartes tus dos alas de cristal,
tus dos alas divinas.
Y de la flor
que el ruiseñor

canta en su griego antiguo, de la rosa,
vuelas, ¡oh, Mariposa!,
¡a posarte en un clavo de Nuestro Señor!

EL PAÍS DEL SOL

Junto al negro palacio del rey de la isla de Hierro
(¡Oh, cruel, horrible, destierro!)
¿Cómo es que tú, hermana armoniosa,
haces cantar al cielo gris, tu pajarera de ruiseñores,
tu formidable caja musical?
¿No te entristece recordar la primavera en que oíste a un pájaro
divino y tornasol
en el país del sol?

En el jardín del rey de la isla de Oro
(¡Oh, mi ensueño que adoro!)
Fuera mejor que tú, armoniosa hermana,
amaestrases tus aladas flautas, tus sonoras arpas; tú que naciste
donde más lindos nacen el clavel de sangre y la rosa de arrebol,

en el país del sol.

O en el alcázar de la reina de la isla de Plata
(Schubert, solloza la Serenata...)
pudieras también, hermana
armoniosa, hacer que las místicas aves de tu alma alabasen,
dulce, dulcemente, el claro de luna,
los vírgenes lirios, la monja paloma y el cisne marqués.
¡La mejor plata se funde en un ardiente crisol,

en el país del sol!

Vuelve, pues a tu barca, que tiene lista la vela
(resuena, lira, Céfiro, vuela)
y parte, armoniosa
hermana, a donde un príncipe bello,
a la orilla del mar, pide liras, y versos y rosas,
y acaricia sus rizos de
oro bajo un regio y azul parasol,

en el país del sol.

ERA UN AIRE SUAVE

Era un aire suave, de pausados giros;
el hada Harmonía ritmaba sus vuelos;
e iban frases vagas y tenues suspiros
entre los sollozos de los violoncelos.

Sobre la terraza, junto a los ramajes,
diríase un trémolo de liras eolias
cuando acariciaban los sedosos trajes
sobre el tallo erguidas las blancas magnolias.

La marquesa Eulalia risas y desvíos
daba a un tiempo mismo para dos rivales,
el vizconde rubio de los desafíos
y el abate joven de los madrigales.

Cerca, coronado con hojas de viña,
reía en su máscara Término barbudo,
y, como un efebo que fuese una niña,
mostraba una Diana su mármol desnudo.

Y bajo un boscaje del amor palestra,
sobre rico zócalo al modo de Jonia,
con un candelabro prendido en la diestra
volaba el Mercurio de Juan de Bolonia.

La orquesta perlaba sus mágicas notas,
un coro de sones alados se oía;
galantes pavanas, fugaces gavotas
cantaban los dulces violines de Hungría.

Al oír las quejas de sus caballeros
ríe, ríe, ríe la divina Eulalia,
pues son su tesoro las flechas de Eros,
el cinto de Cipria, la rueca de Onfalia.

¡Ay de quien sus mieles y frases recoja!
¡Ay de quien del canto de su amor se fíe!

Con sus ojos lindos y su boca roja,
la divina Eulalia ríe, ríe, ríe.

Tiene azules ojos, es maligna y bella;
cuando mira vierte viva luz extraña:
se asoma a sus húmedas pupilas de estrella
el alma del rubio cristal de Champaña.

Es noche de fiesta, y el baile de trajes
ostenta su gloria de triunfos mundanos.
La divina Eulalia, vestida de encajes,
una flor destroza con sus tersas manos.

El teclado harmónico de su risa fina
a la alegre música de un pájaro iguala,
con los staccati de una bailarina
y las locas fugas de una colegiala.

¡Amoroso pájaro que trinos exhala
bajo el ala a veces ocultando el pico;
que desdenes rudos lanza bajo el ala,
bajo el ala aleve del leve abanico!

Cuando a medianoche sus notas arranque
y en arpegios áureos gima Filomela,
y el ebúrneo cisne, sobre el quieto estanque
como blanca góndola imprima su estela,

la marquesa alegre llegará al boscaje,
boscaje que cubre la amable glorieta,
donde han de estrecharla los brazos de un paje,
que siendo su paje será su poeta.

Al compás de un canto de artista de Italia
que en la brisa errante la orquesta deslíe,
junto a los rivales la divina Eulalia
la divina Eulalia, ríe, ríe, ríe.

¿Fue acaso en el tiempo del rey Luis de Francia,

sol con corte de astros, en campos de azur?
¿CuÁndo los alcázares llenó de fragancia
la regia y pomposa rosa Pompadour?

¿Fue cuando la bella su falda cogía
con dedos de ninfa, bailando el minué,
y de los compases el ritmo seguía
sobre el tacón rojo, lindo y leve el pie?

¿O cuando pastoras de floridos valles
ornaban con cintas sus albos corderos,
y oían, divinas Tirsis de Versalles,
las declaraciones de sus caballeros?

¿Fue en ese buen tiempo de duques pastores,
de amantes princesas y tiernos galanes,
cuando entre sonrisas y perlas y flores
iban las casacas de los chambelanes?
¿Fue acaso en el Norte o en el Mediodía?
Yo el tiempo y el día y el país ignoro,
pero sé que Eulalia ríe todavía,
¡y es cruel y eterna su risa de oro!

SÉ, PUES JUSTO Y BUENO

Hemos de ser justos, hemos de ser buenos,
Hemos de embriagarnos de paz y amor,
Y llevar el alma siempre a flor de labios
Y desnudo y limpio nuestro corazón.

Hemos de olvidarnos de todos los odios,
de toda mentira, de toda ruindad
hemos de abrasarnos en el santo fuego
de un amor inmenso, dulce y fraternal.

Hemos de llenarnos de santo optimismo,
tender nuestros brazos a quien nos hirió;
y abrazar a todos nuestros enemigos
en un dulce abrazo de amor y perdón.

Olvidar pasiones, rencores, vilezas…
Ser fuertes, piadosos, dando bien por mal:
¡Que esa es la venganza de las almas fuertes
Que viven poseídas de un santo ideal!

"Hemos de estar siempre gozosos", tal dijo
Pablo el elegido, con divina voz,
y a través de todos los claros caminos
caminar llevando puesta el alma en Dios.

Hemos de acordarnos que somos hermanos,
hemos de acordarnos del dulce Pastor.
Que crucificado, lacerado, exánime…
para sus verdugos imploró perdón.

LA FUENTE

Joven, te ofrezco el don de esta copa de plata
para que un día puedas colmar la sed ardiente,
la sed que con su fuego más que la muerte mata.
Mas debes abrevarte tan sólo en una fuente,

otra agua que la suya tendrá que serte ingrata,
busca su oculto origen en la gruta viviente
donde la interna música de su cristal desata,
junto al árbol que llora y la roca que siente.

Guíete el misterioso eco de su murmullo,
asciende por los riscos ásperos del orgullo,
baja por la constancia y desciende al abismo

cuya entrada sombría guardan siete panteras:
son los Siete Pecados las siete bestias fieras.
Llena la copa y bebe: la fuente está en ti mismo.

LA FE

En medio del abismo de la duda
lleno de oscuridad, de sombra vana
hay una estrella que reflejos mana
sublime, sí, mas silenciosa, muda.

Ella, con su fulgor divino, escuda,
alienta y guía a la conciencia humana,
cuando el genio del mal con furia insana
golpéala feroz, con mano ruda.

¿Esa estrella brotó del germen puro
de la humana creación? ¿ Bajó del cielo
a iluminar el porvenir oscuro?

¿A servir al que llora de consuelo?
No sé, mas eso que a nuestra alma inflama
ya sabéis, ya sabéis, la Fe se llama.

LA GITANILLA

Maravillosamente danzaba. Los diamantes
negros de sus pupilas vertían su destello;
era bello su rostro, era un rostro tan bello
como el de las gitanas de don Miguel Cervantes.

Ornábase con rojos claveles detonantes
la redondez obscura del casco del cabello,
y la cabeza firme sobre el bronce del cuello
tenía la pátina de las horas errantes.

Las guitarras decían en sus cuerdas sonoras
las vagas aventuras y las errantes horas,
volaban los fandangos, daba el clavel fragancia;

la gitana, embriagada de lujuria y cariño,
sintió cómo caía dentro de su corpiño
el bello luis de oro del artista de Francia.

¡OH, MI ADORADA NIÑA!

¡Oh mi adorada niña!
Te diré la verdad:
tus ojos me parecen
brasas tras un cristal;
tus rizos, negro luto,
y tu boca sin par,
la ensangrentada huella
del filo de un puñal.

Huye el año a su término
Como arroyo que pasa,
Llevando del poniente
Luz fugitiva y pálida.
Y así como el del pájaro
Que triste tiende el ala,
El vuelo del recuerdo
Que al espacio se lanza
Languidece en lo inmenso
Del azul por do vaga.
Huye el año a su término
Como arroyo que pasa.

Un algo de alma aún yerra
Por los cálices muertos
De las tardes volúbiles
Y los rosales trémulos.
Y, de luces lejanas
Al hondo firmamento,
En alas del perfume
Aún se remonta un sueño.
Un algo de alma aún yerra
Por los cálices muertos.

Canción de despedida
Fingen las fuentes túrbidas.
Si te place, amor mío,
Volvamos a la ruta

Que allá en la primavera
Ambos, las manos juntas,
Seguimos, embriagados
De amor y de ternura,
Por los gratos senderos
Do sus ramas columpian
Olientes avenidas
Que las flores perfuman.
Canción de despedida
Fingen las fuentes turbias.

Un cántico de amores
Brota mi pecho ardiente
Que eterno abril fecundo
De juventud florece.
¡Qué mueran, en buen hora,
Los bellos días! Llegue
Otra vez el invierno;
Renazca áspero y fuerte.
Del viento entre el quejido,
Cual mágico himno alegre,
Un cántico de amores
Brota mi pecho ardiente.

Un cántico de amores
A tu sacra beldad,
¡Mujer, eterno estío,
Primavera inmortal!
Hermana del ígneo astro
Que por la inmensidad
En toda estación vierte
Fecundo, sin cesar,
De su luz esplendente
El dorado raudal.
Un cántico de amores
A tu sacra beldad,
¡Mujer, eterno estío
Primavera inmortal!

RETRATOS

I

Don Gil, Don Juan, Don Lope, Don Carlos, Don Rodrigo,
¿cúya es esta cabeza soberbia? ¿Esa faz fuerte?
¿Esos ojos de jaspe? ¿Esa barba de trigo?
Este fue un caballero que persiguió a la Muerte.

Cien veces hizo cosas tan sonoras y grandes
que de águilas poblaron el campo de su escudo;
y ante su rudo tercio de América o de Flandes
quedó el asombro ciego, quedó el espanto mudo.

La coraza revela fina labor; la espada
tiene la cruz que erige sobre su tumba el miedo;
y bajo el puño firme que da su luz dorada,
se afianza el rayo sólido del yunque de Toledo.

Tiene labios de Borgia, sangrientos labios dignos
de exquisitas calumnias, de rezar oraciones
y de decir blasfemias; rojos labios malignos
florecidos de anécdotas en cien Decamerones.

Y con todo, este hidalgo de un tiempo indefinido
fue el abad solitario de un ignoto convento,
y dedicó en la muerte sus hechos: "¡AL OLVIDO!".
Y el grito de su vida luciferina: "¡AL VIENTO!".

II

En la forma cordial de la boca, la fresa
solemniza su púrpura; y en el sutil dibujo
del óvalo del rostro de la blanca abadesa
la pura frente es ángel y el ojo negro es brujo.

Al marfil monacal de esa faz misteriosa
brota una dulce luz de un resplandor interno,
que enciende en las mejillas una celeste rosa

en que su pincelada fatal puso el Infierno.

¡Oh, Sor María! ¡Oh, Sor María! ¡Oh, Sor María!
La mágica mirada y el continente regio,
¿no hicieron en un alma pecaminosa un día,
brotar el encendido clavel del sacrilegio?

Y parece que el hondo mirar cosas dijera,
especiosas y ungidas de miel y de veneno.
(Sor María murió condenada a la hoguera:
dos abejas volaron de las rosas del seno).

ÍNDICE